Wie Sie auf PAUSE drücken, bevor es das Leben für Sie tut

Wie Sie auf PAUSE drücken, bevor es das Leben für Sie tut

DANIELLE MARCHANT

Kaiserstraße 14 b
D-80801 München
1. Auflage 2018

Die ZS Verlag GmbH ist ein Unternehmen
der Edel AG, Hamburg.
www.zsverlag.de
www.facebook.com/zsverlag

First published in Great Britain in 2017
by Aster, a division of Octopus Publishing
Group Ltd

Projektleitung der deutschen Ausgabe:
Eva Dotterweich, Katharina Wolf

Übersetzung: Petra Frese, Dortmund

Redaktion und Satz:
trans texas publishing services GmbH, Köln

Umschlaggestaltung der deutschen
Ausgabe: Johanna Höflich

ISBN: 978-3-89883-758-3

Printed and bound in China.

Inhalt

Einführung

Der sehnlichst erwartete Atemzug

Für viele von uns ist das heutige Leben zu einem Text ohne Punkt und Komma geworden. Schlafen streben hasten nur nicht rasten. Unser tägliches Stresslevel und die permanente „Geschäftigkeit“ laugen unsere inneren Ressourcen und unsere Freude am Leben aus. Wir sind aus dem Gleichgewicht geraten und fühlen uns häufig erschöpft. Selbst im Urlaub schaffen wir es kaum zu spüren, wer wir wirklich sind. Wir sind schnell verärgert, ungeduldig und frustriert über unwichtige Dinge. In uns nagt eine unbestimmte Angst und Niedergeschlagenheit, sie durchdringt unser Leben, zieht uns herunter und gibt uns das Gefühl, festzustecken und nicht zu wissen, wie wir aus den Mustern ausbrechen können, an die wir uns gewöhnt haben.

Wohin es führt, ständig am Limit zu leben, zeigt sich in unseren Beziehungen, in der Arbeit und in der Einstellung zum Leben im Allgemeinen. Das innere Leuchten geht verloren, unsere Nerven liegen blank, wir essen schlecht, schlafen schlecht, finden es immer schwieriger, morgens aus dem Bett zu kommen, es fehlt uns an Inspiration. Wenn wir vergessen, innezuhalten und durchzuatmen, verliert unser Leben seinen Sinn.

Pausen setzen Punkte, die es uns ermöglichen, den jeweils nächsten Satz des Lebens zu bedenken. Sie bieten Raum für Reflexion, vielleicht für Veränderung oder einfach zum Verstehen des nächsten Schritts. Sie sind Momente der Ruhe, in denen man darauf wartet, was sich ergibt. Stellen Sie sich vor, Sie läsen eine Seite ohne Leerzeichen. Die Wörter würden ineinander übergehen und keinen Sinn mehr ergeben. Nirgends kann man durchatmen, anhalten oder über das nachdenken, was man bisher gelesen hat. Doch, die meisten von uns verbringen große Teile ihres Lebens ohne Punkt und Komma, ein überforderndes und bedeutungslos erscheinendes Leben.

Begeben Sie sich auf diese Reise, erhalten Sie die Chance, den Überlebensmodus zu **verlassen**, um Ihr Leben wieder in seiner ganzen Fülle zu genießen.

Nachdem ich mich im Jahr 2012 von einem Burn-out erholt hatte, entwickelte ich die Pause-Retreats als Rückzugsmöglichkeit, um dem belastenden Alltag zu entfliehen. In den Pause-Retreats gibt es Raum und Zeit einfach nur um zu sein, ohne Forderungen, ohne Verantwortlichkeiten. Sie müssen nichts tun, für niemanden da sein. Die Retreats lassen Sie wieder mit sich selbst in Einklang kommen. So können Sie darüber nachdenken, an welchem Punkt Ihres Lebens Sie gerade angelangt sind, herausfinden, was gut für Sie ist, und überlegen, welche Änderungen Ihnen guttun würden. Beim Innehalten heißen wir die Fragen willkommen, die jetzt, in diesem Moment, auftauchen. Pause-Retreats bieten in unserer schnelllebigen Zeit die Chance, in Stille in sich hineinzuhören und über den Lärm all der anderen hinweg der eigenen Weisheit zu vertrauen.

Dieses Buch als Retreat

Nicht jeder kann oder will an einem Retreat teilnehmen. Manchmal ist der Druck in der Familie oder bei der Arbeit einfach zu groß oder das Timing stimmt nicht. Vielleicht ist die Anreise zu beschwerlich, es ist zu teuer oder der Gedanke, herunterzuschalten und eine Pause einzulegen, wirkt beängstigend. Aber vielleicht haben Sie auch noch nie über ein Retreat nachgedacht. Ich selbst habe zum Beispiel erst danach gesucht, als ich schon zusammengebrochen war – damals wusste ich nicht, dass ein Retreat auch vorbeugend sein kann. Wenn Sie glauben, ein Retreat sei nichts für Sie, möchte ich Ihnen dennoch dieses Buch als privates Retreat anbieten, als ein Zufluchtsort für Rat und Hilfe, wenn Sie orientierungslos, ängstlich oder verwirrt sind, überfordert,

Der Prozess der Pause bietet einen **Leitfaden und eine Struktur,** der man immer oder auch nur gelegentlich folgen kann.

hektisch und gestresst. Es gibt Ihnen eine Anleitung zum Herunterschalten an die Hand, durch die Sie wieder in Einklang mit sich selbst kommen und ihr Gleichgewicht finden. Dadurch lernen Sie, auf Ihre eigene innere Weisheit zu hören, die Sie so durch ihr Leben leitet, wie es für Sie am besten ist.

Der Prozess der Pause bietet einen Leitfaden und eine Struktur, der man immer oder auch nur gelegentlich folgen kann. Es bleibt jedem selbst überlassen. In einer idealen Welt würden Sie dieses Buch an einem ruhigen Ort lesen, wo Sie die Ideen darin in Stille überdenken. Weiche Kissen, Kerzen und beruhigende Musik. Aber seien wir ehrlich: Das Leben ist selten ideal. Warten Sie also nicht auf den perfekten Moment, es gibt ihn nur höchst selten! Nehmen Sie sich deshalb Zeit auf dem Weg zur Arbeit, lesen Sie ein bisschen, während Sie die Sauce fürs Abendessen umrühren oder vor dem Einschlafen. Wann immer es passt. Das ist das Prinzip der Pause: Wir nutzen alle möglichen Momente in unserem geschäftigen Leben, um innezuhalten, durchzuatmen und neu zu starten, bis es uns ganz natürlich zur Gewohnheit wird.

Denken Sie daran: Das Leben ist ein Chaos, aber es ist ein perfektes Chaos.

Im Moment der Pause geben
wir uns selbst die Erlaubnis,
uns sanft zu öffnen.

Was bedeutet Pause in diesem Zusammenhang?

Wenn wir innehalten, schenken wir uns Zeit zum Denken und Raum zum Atmen, sodass wir erkennen, wie wir Entscheidungen fällen, und somit die Möglichkeit bekommen, neue zu treffen. Die Pause gestattet uns, durchzuatmen und zu verstehen, welche roten Fäden sich durch unser Unbehagen ziehen. Das, was uns ausmacht, darf sich zeigen. Es erinnert uns an die guten Dinge in unserem Leben, an das, was unsere Leidenschaft entfacht, an die Menschen, die uns inspirieren und die uns nahestehen. Die Pause ist der Raum, in dem wir uns entspannen, ausprobieren, entdecken und neue Möglichkeiten in unser Leben lassen können. Im Moment der Pause geben wir uns die Erlaubnis, uns sanft zu öffnen. Hier ist der sichere Raum, in dem wir tiefen Kummer und Schmerz herauslassen können und uns unseren innersten Wünschen zuwenden.

Wenn wir uns öffnen und die Botschaften von Körper, Geist, Seele und Leben achtsam erkennen, können wir lernen, sie frühzeitig wahrzunehmen und Techniken zu entwickeln, um auf dem Weg zu bleiben. Wir lernen, die Pausentaste zu drücken, bevor das Leben das für uns übernimmt. Innezuhalten wird zu etwas, das wir in der Hektik des Alltags aus der Sicherheit unseres Innern heraus üben, anstatt aus Angst, Panik oder Ungewissheit. Es wird zu einem täglichen Elixier, einer Quelle der Nahrung. Das ist zwar nicht leicht, denn der Schatten gehört ebenso zu unserem Leben wie das Licht, aber wenn wir offen und achtsam sind, erlauben wir uns selbst, zu unserem natürlichen Zustand der Ruhe und Ausgeglichenheit zurückzufinden.

Wo Perfektion herrscht, gibt es keine Geschichte zu erzählen.

– Ben Okri

So wie jeder mit unterschiedlichen Energien in einem Retreat ankommt – aufgedreht, in Panik oder unruhig, weil man spät dran ist oder sich frei genommen hat, erschöpft und verletzlich, oder aber auch mit einem Gefühl der Bereitschaft – so ist auch jeder an dem Ort, wo er sich gerade befindet und diese Einführungszeilen liest, in einer anderen Verfassung. Dieser Moment, in dem man in sich blickt und prüft, wie es einem geht, ist vielleicht ungewohnt. Genau das macht die Pause aus – denn wer sich nie die Zeit nimmt zu fragen, wie es ihm wirklich geht, wird wohl auch nie herausfinden, wohin er unterwegs ist.

In diesem Buch mache ich Sie mit dem Prozess bekannt, den ich in Pause-Retreats und Einzelcoachings einsetze. Ich möchte für Sie einen Freiraum schaffen, in dem Sie

- so weit zur Ruhe kommen, dass Sie tief und voll atmen können.
- feststellen können, wie es Ihnen geht, was gut läuft und womit Sie sich etwas näher befassen möchten.
- lernen können, wie Sie Verstand und Intuition nutzen, um Einfluss darauf zu nehmen, wie Sie den nächsten Satz in ihrem Leben beginnen.

Ich biete Ihnen auch eine Reihe von täglichen Übungen an, die es Ihnen ermöglichen, in schwierigen Situationen eine kleine Pause einzulegen, sowie längerfristige Übungen, die Ihnen helfen, auf Ihre Intuition zu hören, Ihre Träume zu verstehen und Ihre Energie aufrechtzuerhalten.

In meinem Leben ist nur das Unperfekte perfekt. Ich bin ständig auf Entdeckungsreise. Die unerwarteten Wendungen meines Lebens haben mir zahllose Gelegenheiten zum Lernen und zur Selbsterkenntnis verschafft. Ich hoffe, dass meine Geschichte Sie in irgendeiner Weise motiviert, etwas kürzerzutreten, durchzuatmen und innezuhalten. Ich hoffe, dieses Buch ermutigt Sie, Ihr Leben, Ihre Gesundheit und Ihr Wohlbefinden zu erforschen und, wenn es Ihnen richtig erscheint, in Zukunft an einem meiner intensiven Pause-Retreats teilzunehmen, die weltweit angeboten werden.

In meinem Leben – wie bei den meisten von uns – gab es mehr oder weniger große Herausforderungen auf allen Ebenen: in der Familie, beruflich, durch Krankheit oder Entscheidungen, die ich für mein Leben getroffen habe. Es hat eine Weile gedauert, bis ich erkannte, dass ich durch diese schwierigen Umstände lernte, auf meine Bedürfnisse zu hören und auf meine Motivation zu blicken. Durch das Bewusstsein, das ich für mein eigenes Leben entwickelt habe, habe ich erkannt, dass heute, in einer Zeit ständiger Bewegung, nichts so wichtig ist wie Entschleunigung. Ich glaube, dass wir uns in dieser hektischen, getriebenen Welt ängstlich, unerfüllt, gestresst und unwohl fühlen, wenn wir uns nicht aktiv natürliche Pausen schaffen.

Wie ich mich fühle, wenn ich innehalte

Um ehrlich zu sein, war das Innehalten zunächst kein innerliches Bedürfnis von mir. Wahrscheinlich fühle ich mich deshalb berufen, andere darin zu unterrichten, denn dann werde ich ständig ermahnt, selbst kürzerzutreten. Ich bin jemand, der viel und gerne arbeitet und den ausgeprägten Wunsch hat, so viel wie möglich zu bewirken. Ich habe zehn Jahre damit verbracht, die Bahnen in meinem Gehirn aufzubrechen, die mich in ein Arbeitsmuster gezwängt hatten.

Ich stamme von hart arbeitenden Frauen ab. Meine Urgroßmutter Olive hatte 13 Kinder. Das war damals nichts Ungewöhnliches, aber es fällt mir schwer zu verstehen, wie ihr Körper so viele Geburten und Verluste aushielt und sie trotzdem bis in ihre späten 80er-Jahre vital bleiben konnte. Ich kann nur annehmen, dass sie eine starke Frau war.

Vor einem derartigen Hintergrund erschien es mir selbstverständlich, dass ich als 14-jährige Schülerin zu arbeiten begann. Ich hatte zwei Jobs und damit fing alles an. Das Muster der hart arbeitenden Frau hielt sich viele Jahre.

Ich hatte das Glück, dass mich das Leben über die Jahre zu der Arbeit geführt hat, die mir bestimmt ist und die ich liebe. Durch das Innehalten lernte ich, mein Leben und meine Arbeit zu verbessern und zu gestalten. Ich habe viel erfahren über meine Grenzen, Misserfolge und meine Geduld. Nicht alle Entdeckungen gefallen mir! Aber ich habe begonnen, dem Leben zuzuhören und auf die bedeutenden Botschaften des

Das Muster der **hart arbeitenden Frau** hielt sich viele Jahre.

Lebens zu hören. Wenn ich viel zu tun habe und ungebremst voranpresche (was manchmal sein muss!), höre ich diese Signale nicht so gut. Denn die wichtigsten Botschaften des Lebens empfangen wir in Momenten der Ruhe.

Diese Momente empfinden wir oft als unangenehm. Ich möchte etwas „tun" – irgendetwas. Doch je länger ich mich der Ruhe aussetze, umso mehr lerne ich, mit meinen Kräften zu haushalten. Ich bin mir des Timings im Leben bewusster und verstehe, dass vieles sich oft langsamer bewegt, als es mir und meinem Verstand lieb ist.

Wenn ich in Ruhe verweile – was sich oft wie eine Leere oder wie ein Vakuum anfühlt – und wenn ich mir gestatte, nicht wissen zu wollen, was als Nächstes passiert oder wann es passiert, folgt darauf Bewegung. Sobald das geschieht, stellt sich für mich Klärung ein. Ich muss meine Entscheidung nicht mehr in Zweifel ziehen, ich kann mich auf direktem Weg vorwärtsbewegen. Bis ich wieder abbremsen und innehalten muss ...

Für die, die nicht aufhören können, und die, die nicht wissen, wo sie anfangen sollen

Dieses Buch richtet sich sowohl an Mutige als auch Entmutigte. Es eignet sich für Sie, wenn Ihnen das Leben übel mitspielt und Sie sich in einer Krise wie einem Trauerfall, einer Scheidung, einer Kündigung befinden oder ein Weckruf Sie in Form einer Erkrankung aufrüttelt. Es ist für die, die verunsichert, ausgebrannt sind oder denen einfach nur klar ist, dass sie schon länger unglücklich sind und feststecken. Es ist für Geschäftsleute und Eltern, die ihr Leben am Rand eines Burn-outs verbringen und wissen, dass sie so nicht weitermachen können. Für Lehrer und Krankenpfleger, die überarbeitet, überfordert und ständig nervös sind. Für Kreative, die frustriert sind oder sich wie ein Fremdkörper in dieser Welt fühlen. Für Anwälte und Banker, die längst wissen, dass sie nicht mehr so viel arbeiten können, aber auch nicht wissen, was sie sonst tun sollen. Es ist für Neugierige, für die nächste Generation, die weiß, dass es auch anders gehen muss, und für alle, die einfach sagen: „Es muss im Leben noch mehr geben als das hier."

In einer Welt, in der es nur ums Vorwärtskommen geht, hilft die Pause, jegliche äußere Anforderung abzustreifen und an die Dinge zu kommen, die einem wirklich wichtig sind, also von „man sollte" zu „ich wünsche mir". Das meiste in diesem Buch ist nicht neu, denn die Essenz der Pause ist sehr einfach – schließlich ist das Leben kompliziert genug. Ich weiß, dass Ihnen wahrscheinlich schon bewusst ist, was Sie tun müssen, aber ich weiß auch, dass das in der Geschäftigkeit des Alltags nur allzu schnell untergeht.

„Es muss doch **mehr**
im Leben geben.“

Dieses Buch entstand, damit Sie sich erlauben innezuhalten, zu atmen und neu zu starten. Schon eine kleine Entschleunigung kann große Veränderungen bewirken. Das Leben ist weniger mühsam und alles geht leichter von der Hand. Die Pause ermöglicht es, das Leben so zu leben, wie man es sich jetzt wünscht, statt von einem anderen Leben zu träumen. Wer lernt innezuhalten, fühlt sich klarer und freier. Große Entscheidungen sind dann leichter zu fällen. Je ruhiger man wird, desto einfacher wird der Zugang zur Intuition und man kann sich vom Fluss des Lebens leiten lassen, statt dagegen anzukämpfen. Die Beschäftigung mit Fragen, die man im Panikmodus normalerweise lieber ignoriert, und das Nachdenken über die wahren Bedürfnisse des Lebens, lassen Sie akzeptieren, wo Sie gerade in Ihrem Leben stehen. Sie werden sich Ihres Selbst bewusst und verstehen, was Sie wirklich brauchen.

Betrachten Sie Kopf, Herz, Körper, Gefühl und Geist als Einheit und folgen Sie Ihrer Intuition. Lassen Sie sich sowohl vom Leben als auch von Ihrer inneren Weisheit leiten. Wenn Sie sich auf diese Reise begeben, können Sie aus Ihrer Starre erwachen und das Leben wieder in seiner ganzen Fülle erleben. Zu lernen, Nein zu sagen, Dinge zu tun, bei denen Sie sich wohlfühlen, und nichts mehr zu tun, wobei Sie sich schlecht fühlen – das heißt nicht, dass Sie sich gehen lassen. Auf Ihr Herz und Ihren Verstand zu hören, macht Sie nicht zum Egoisten, etwas kürzerzutreten, um das Leben zu genießen, bedeutet nicht, dass Sie faul oder ohne Ehrgeiz sind. Es ist eine alte, aber immer noch gültige Weisheit: Wer innehält und für sein Wohlbefinden sorgt, wird zu dem, der er eigentlich ist.

Teil eins

Die Macht der Pause

Ich stehe in einem Feld, die Klangschale in der einen Hand und mehrere Pinsel in der anderen. In diesem Augenblick wird mir klar, dass dies die Pause ist. Hier sind wir mit der Natur verbunden, der Geist leitet uns und die Kreativität fließt. Hier dürfen wir wieder spielen, am Wasser sitzen und einen Stein bemalen, uns gut ernähren, uns wieder ins Gleichgewicht bringen, in der Erde buddeln und den Wind auf der Haut spüren ...

Die Philosophie der Pause ist einfach: Je hektischer das Leben wird und je chaotischer die Welt ist, desto öfter müssen wir eine Pause einlegen und überprüfen, ob wir noch auf dem richtigen Weg sind. Diese Pause ist ein tiefes Einatmen, um uns zu verbinden, und ein Ausatmen, das uns auf unsere eigene Weisheit hören lässt. Sie ist ein Ort der Reflexion, der Verbindung und der Sinnhaftigkeit. Ich werde Ihnen dabei helfen, tiefer in sich hineinzuspüren, als Sie es je zuvor getan haben.

Es ist leicht, sich von der Geschäftigkeit des Alltags mitreißen zu lassen und sich darin zu verstricken, sodass wir vergessen, wer wir sind, wozu wir hier sind und wonach sich unser Herz sehnt. Aber die Wahrheit ist: Wenn Sie sich keine Pause gönnen und innehalten, wird das Leben das für Sie übernehmen.

Was ist in meinem Leben wichtig?

Die Idee der Pause ist nicht, jemandem zu sagen, was er tun und lassen soll. Vielmehr soll sie ihm Raum und Zeit verschaffen, um die Aufmerksamkeit von den äußeren Umständen des Alltags auf den inneren Rhythmus zu lenken, um der Intuition zu folgen. Statt Ihnen zu sagen, wie man leben sollte und wie nicht, ermutigt die Pause dazu, eigene Fragen zu stellen, etwa:

- Was brauche ich?
- Was macht mich glücklich?
- Wie drücke ich mich in dieser Welt aus?
- Wie sind meine Beziehungen zu meinen Mitmenschen?
- Wie geht es mir gesundheitlich?
- Wie sorge ich für Ausgewogenheit in meinem Leben?

Das sind große Fragen, um die man sich nicht immer kümmert, wenn man einem von außen vorgegebenen Lebensplan folgt. Sie treten hinter Fragen wie diesen zurück:

- Wie bezahle ich in diesem Monat den Kredit?
- Wie kann ich mehr Zeit mit den Kindern verbringen?
- Wer geht einkaufen?

Wenden wir uns den größeren Fragen zu, scheinen sie uns vor größere Herausforderungen zu stellen – schließlich würde uns die Wahrheit verpflichten zu handeln –, und deshalb neigen wir dazu, sie beiseitezuschieben.

Die Pause ist eine Einladung, sich mit den großen Fragen zu befassen. Dieses Buch will dabei helfen, sie anzugehen. Indem man sorgfältig auf sein Inneres hört, sorgt man in der äußeren Welt für mehr Flow. Das Wesentliche an der Pause ist das Entdecken. Das ist ein Augenblick, in dem man beginnt zu begreifen. Ein Augenblick, in dem wir das Tempo weit genug heruntergefahren haben, um zuhören zu können, nicht nur dem ununterbrochenen Geplapper in unserem Kopf und dem Alltagslärm, sondern der tiefen Weisheit unserer Seele.

Das lässt sich auf zwei Arten bewerkstelligen. Die erste ist, ein Tagebuch mit Fragen und Antworten zu führen, und die zweite ist die Beantwortung eines kurzen Fragebogens.

Tagebuch führen

Wir befassen uns zunächst mit dem Tagebuch. Wer schon einmal eins geführt hat, kann einfach loslegen. Diejenigen, für die das Neuland ist, erfahren hier, wie es funktioniert.

Zuerst einmal benötigt man ein Notizbuch oder einen Ordner im Computer für die Einträge. Beim Tagebuchführen kann man sich Zeit lassen, es ist keine Eile geboten, denn hier geht es nicht um ein Ergebnis oder eine spezielle Antwort. Zwingen Sie sich nicht, jeden Tag zu schreiben und schnell zum Ende zu kommen. Stellen Sie sich vor, ein leiser Wind würde zu Ihnen sprechen, Sie mit sanftem Flüstern ermutigen, während er über Ihre Haut streicht. Genießen Sie es, Ihre Geschichte mit sich selbst zu teilen, nehmen Sie sich genug Zeit, um zu hören, was von Innen gehört werden will. Das Tagebuchführen kann der Reflexion über das eigene Leben dienen und ermöglicht es, jederzeit die eigene Geschichte zu hören.

Um das zu tun, hilft es, einige Fragen oder Stichworte vorliegen zu haben, mit denen Sie beginnen können, damit Sie nicht ratlos vor dem leeren Blatt sitzen. Auf der gegenüberliegenden Seite sind einige Vorschläge aufgelistet. Sie müssen sie nicht alle auf einmal beantworten! Sie könnten sich jeden Monat eine Frage vornehmen und sehen, wohin Sie die Antwort führt. Gehen Sie so vor, wie es für Sie am besten ist. Und wenn sich die Fragen nicht für Sie eignen, formulieren Sie Ihre eigenen.

- Wie fühle ich mich?
- Wofür bin ich gerade dankbar?
- Wer oder was hat mein Herz erobert?
- Was begeistert mich?
- Wobei brauche ich in meinem Leben Geduld?
- Worüber ärgere ich mich?
- Was ist neu für mich? Was alt?
- Ich möchte …
- Es wird Zeit, sich von … zu verabschieden.
- Ich verstecke mich vor …
- Es wird Zeit, mehr … zuzulassen.
- Mein Herz sehnt sich nach …

Drei Tipps für kreatives Tagebuchschreiben

Tagebuch schreiben mit Freunden
Sie müssen Ihr Tagebuch nicht allein führen. Vielleicht haben Sie Freunde, mit denen Sie gern am Abend oder am Wochenende zusammenkommen möchten, um Tagebuch zu schreiben.

Draußen Tagebuch führen
Für das Tagebuchschreiben muss man nicht im Haus sein. Warum sollte man sich nicht von der Natur inspirieren lassen und das Tagebuch in den Wald, auf einen Hügel oder an einen See mitnehmen?

Das Aufgeschriebene loslassen
Tagebucheinträge muss man nicht behalten. Vielleicht möchten Sie ein Ritual daraus machen, am Feuer zu sitzen und zu schreiben und dann Ihre Worte den Flammen zu übergeben und loszulassen.

Und schließlich: Versuchen Sie nicht, sich dazu (oder zu irgendetwas anderem in diesem Prozess!) zu zwingen. Wie guter Wein oder eine fundierte Coaching-Sitzung können Einsichten Zeit brauchen, um wirklich im Körper anzukommen, und sie manifestieren sich oft erst längere Zeit nach der Übung.

Der Fragebogen

Neben den Fragen für das Tagebuch (Seite 29) kann auch dieser Selbsttest Auskunft darüber geben, wo man im Leben steht. Er hilft herauszufinden, wie nötig zum jetzigen Zeitpunkt eine Auszeit ist.

Sind Sie bereit, die Pausentaste zu drücken?

	Oft	Manchmal	Nie
1. Ich rege mich schnell über Kleinigkeiten auf.	○	○	○
2. Ich möchte es anderen oft recht machen.	○	○	○
3. Das Atmen fällt mir schwer oder ist zu hektisch.	○	○	○
4. Ich werde ungeduldig, wenn ich spät dran bin.	○	○	○
5. Ich fühle mich oft einsam.	○	○	○
6. Ich wache erfrischt auf.	○	○	○
7. Ich mache mir Gedanken darüber, was andere über mich denken.	○	○	○
8. Ich wache jeden Morgen von allein auf.	○	○	○
9. Ich genieße die Zeit, die ich mit meinen Freunden verbringe.	○	○	○
10. Ich mache mir Sorgen darüber, wie etwas ausgeht.	○	○	○
11. Ich schaue zwanghaft auf mein Handy.	○	○	○
12. Ich kann Computer und Telefon das ganze Wochenende ausschalten.	○	○	○

	Oft	Manchmal	Nie
13. Ich vergleiche mein Leben mit Geschichten, die ich in den sozialen Medien lese.	○	○	○
14. Ich habe das Gefühl, ein sinnvolles Leben zu führen.	○	○	○
15. Ich mache mir Sorgen um Geld.	○	○	○
16. Ich kann meine Fehler leicht hinter mir lassen.	○	○	○
17. Ich fühle mich wohl, wie ich bin.	○	○	○
18. Ich bin voller Energie.	○	○	○
19. Ich schlafe vor dem Zubettgehen auf dem Sofa ein.	○	○	○
20. Ich träume von einem ganz anderen Leben.	○	○	○

Bei der Beantwortung dieser Fragen haben Sie vielleicht schon ein Gefühl dafür entwickelt, inwieweit eine Pause für Sie nötig ist. Gab es dafür zuvor noch kein Anzeichen, so ist jetzt vielleicht doch etwas ans Licht getreten. Nehmen Sie sich Zeit, um darüber nachzudenken, warum manche Sätze Sie mehr berühren als andere. Das wissen Sie selbst am besten.

Der Fragebogen

Auswertung

	Oft	Manchmal	Nie
1. Ich rege mich schnell über Kleinigkeiten auf.	2	1	0
2. Ich möchte es anderen oft recht machen.	2	1	0
3. Das Atmen fällt mir schwer oder ist zu hektisch.	2	1	0
4. Ich werde ungeduldig, wenn ich spät dran bin.	2	1	0
5. Ich fühle mich oft einsam.	2	1	0
6. Ich wache erfrischt auf.	0	1	2
7. Ich mache mir Gedanken darüber, was andere über mich denken.	2	1	0
8. Ich wache jeden Morgen von allein auf.	0	1	2
9. Ich genieße die Zeit, die ich mit meinen Freunden verbringe.	0	1	2
10. Ich mache mir Sorgen darüber, wie etwas ausgeht.	2	1	0
11. Ich schaue zwanghaft auf mein Handy.	2	1	0
12. Ich kann Computer und Handy das ganze Wochenende ausschalten.	0	1	2
13. Ich vergleiche mein Leben mit Geschichten, die ich in den sozialen Medien lese.	2	1	0
14. Ich habe das Gefühl, ein sinnvolles Leben zu führen.	0	1	2
15. Ich mache mir Sorgen um Geld.	2	1	0
16. Ich kann meine Fehler leicht hinter mir lassen.	0	1	2
17. Ich fühle mich wohl, wie ich bin.	0	1	2
18. Ich bin voller Energie.	0	1	2
19. Ich schlafe vor dem Zubettgehen auf dem Sofa ein.	2	1	0
20. Ich träume von einem ganz anderen Leben.	2	1	0

Ihre Ergebnisse

0–10

Wenn Sie bei vielen Antworten eine 0 hatten, passen Sie bereits gut auf sich auf. Vielleicht haben Sie Ihren eigenen Weg gefunden, um Ihr Energielevel aufrechtzuerhalten und sich genug Zeit zum Abschalten zu gönnen. Wenn manche Ihrer Antworten den Wert 1 oder 2 ergeben haben, sollten Sie die entsprechenden Fragen im Kopf behalten, während Sie den im Buch beschriebenen Pause-Prozess kennenlernen. Dies ist die perfekte Gelegenheit, einige Bereiche Ihres Lebens, in denen Sie sich überlastet, frustriert oder enttäuscht fühlen, unter die Lupe zu nehmen. Es geht nicht darum, diese Bereiche zu „reparieren". Vielmehr sollten Sie hinterfragen, was Sie brauchen, und vielleicht auch, was Sie geben möchten.

11–20

Vielleicht spüren Sie manche Signale wie Schlafstörungen oder Sie fühlen sich eigentlich gut, sind aber nicht ganz fit. Manchmal ist es einfacher, eine Pause einzulegen, wenn man im wahrsten Sinne des Wortes nicht mehr auf die Beine kommt, als jeden Tag weiter zur Arbeit zu gehen. An der Oberfläche scheint alles in Ordnung zu sein, doch darunter nagt ein stetes Unbehagen. Es erscheint selbstsüchtig, sich zu beklagen, aber man kann nicht aufhören, sich Sorgen darüber zu machen, dass etwas schieflaufen könnte, oder man spürt keine Leidenschaft mehr. Das ist die Gelegenheit innezuhalten, bevor einen das Leben zum Pausieren zwingt. Wollen Sie an diesem Punkt Ihres Lebens wirklich auf

Autopilot laufen? Worauf warten Sie? Wovor haben Sie Angst? Es könnten sich unangenehme Fragen auftun, während Sie den Pause-Prozess durchlaufen, aber genau diese Fragen bieten Ihnen die Chance, sich von der schweren Last zu befreien, die Sie bedrückt.

21–40

Die Zeichen sind eindeutig: Ihr Körper und/oder Ihr Herz sagen Ihnen, dass es an der Zeit ist, besser auf sich aufzupassen und sich mehr Raum zu geben. Die Vorstellung, Zeit nur mit sich selbst und einem leeren Blatt Papier zu verbringen, mag erschreckend sein – und das Ganze auch noch ohne Handy, auf das man ständig schauen kann. Vielleicht wissen Sie tief in sich bereits, dass Sie genau das brauchen. Aber vielleicht fürchten Sie auch, dass das Innehalten Ihnen nur noch mehr Enttäuschung, Verwirrung und Kummer bringen wird. Immer weiterzumachen ist das Einzige, was Sie vor dem Zusammenbruch bewahrt. Ich kenne dieses Gefühl nur zu gut. Ich weiß, wie wichtig es ist, mit sich selbst sorgsam umzugehen, innezuhalten und dem Leben zu erlauben, langsamer zu werden. Dann kann sich zeigen, was einem wirklich wichtig ist, und man kann sich darum kümmern. In die dunklen Ecken zu schauen, ist nicht leicht, aber es trägt zur Heilung bei.

Wenn Sie instinktiv wissen, dass Ihnen die Natur guttut, sorgen Sie dafür, dass Sie Zeit in ihr verbringen können. Wenn Sie spüren, dass Ihr Geist Verbundenheit oder Magie braucht, erlauben Sie Ihrer Intuition, das Wort zu ergreifen, sich mit der Energie um Sie herum zu verbinden und sich vom Universum leiten zu lassen. Und wenn Ihre Kreativität, Ihre Leidenschaften Nahrung brauchen, öffnen Sie sich neuen Abenteuern, hier oder in der Ferne. Ich möchte Sie ermutigen, sich diese drei Säulen der Pause – Natur, Spiritualität und Kreativität – vorzunehmen und zu spüren, welche davon Ihnen wichtig ist. Sie könnten Ihnen als Unterstützung dienen.

Entfalten Sie sich, haben Sie Freude am Leben, experimentieren Sie und entspannen Sie sich.

Wer bin ich?

Im Lauf vieler Jahre habe ich Schichten meines Selbst abgelegt. Ganz allmählich und kaum merklich veränderte ich mich.

Ich wurde weniger zu der, die ich einmal war und mehr zu der, die ich eigentlich bin.

Es sollte ein Freudenfest sein.

So vieles, wofür man dankbar ist.

Ich stellte mich den Schatten der Dunkelheit, damit ich im Licht tanzen konnte.

„Mit gefällt nicht, was von mir übrig ist", bekannte ich.

Von meiner Konditionierung kontrolliert zu werden, erschien mir sicherer als die Leere, die ich ohne sie spürte. Ohne sie wusste ich nicht, wer ich war. Alles, was einst Bedeutung für mich hatte, galt nicht mehr, stattdessen fand ich mich neuen Realitäten ausgesetzt.

- Meine Familie, die zuvor alles für mich war, hatte nun grobe Fehler.
- Mein Bestreben für einen steten Geldzufluss zu sorgen, ebbte ab.
- Freunde, die ich immer in Hülle und Fülle hatte, waren nun handverlesen.

Wer waren Sie, bevor Sie Ihre Masken, Umhänge und Schutzschichten angelegt haben? Bevor Sie sich den Erwartungen Ihrer Umgebung angepasst haben? Wann haben Sie sich in ein Leben gezwängt, das Ihnen gar nicht passt?

Auch wenn alles, was wir uns aufgebaut haben, so perfekt erscheint – der Job, das Zuhause, der Partner –, können wir uns trotzdem wie gefangen fühlen. Es gibt so vieles, wofür wir dankbar sein können, aber wir fühlen uns in unserem Innern nicht damit verbunden, es fühlt sich nicht echt an, sodass wir uns nach Außen nicht frei fühlen.

Aber warum schaffen wir uns diese Illusionen?

Wir denken über uns selbst, über andere und über unser Leben gern in hübschen Schubladen. Wir haben Vorstellungen über unsere Freunde, unsere Arbeit, die Liebe, unsere Familie und Geld, die uns sinnvoll erscheinen. Oberflächlich betrachtet ist es auch so, doch schaut man etwas tiefer, zeigt sich, dass diese Vorstellungen mit unseren ureigenen Überzeugungen nichts zu tun haben. Stattdessen haben sie ihren Ursprung in Prinzipien, die uns unsere Eltern, Lehrer, die Regierung, Arbeitgeber und die Gesellschaft vermittelt haben.

Als ich Mitte 20 war, kaufte ich ein Haus. Das erschien mir richtig. Damals hatte ich eine gut bezahlte Stelle in einer angesehenen Firma, eine steile Karriere zeichnete sich ab. Ich hatte einen Firmenwagen und hielt es für den nächsten natürlichen Schritt, Hausbesitzerin zu werden. In der Gesellschaft, in der ich lebte, waren alle meiner Meinung. Logisch

Wir denken über uns selbst, über andere und über unser Leben gern in **hübschen Schubladen.**

betrachtet war an dieser Entscheidung alles richtig, bis ich in das Haus zog. Plötzlich fühlte sich alles falsch an. Ich hatte ständig das Gefühl, den Traum eines anderen zu leben.

Blicke ich auf die Zeit vor zehn Jahren zurück, erkenne ich, dass ich ein Image geschaffen hatte, das zwar in die Gesellschaft passte, aber nicht zu mir. Innerhalb eines Jahres hatte ich das Haus verkauft, meinen Job gekündigt, den Firmenwagen zurückgegeben. Ich begab mich auf eine zwölfmonatige Entdeckungsreise, die in Südamerika begann und mein damaliges Leben grundlegend verändern sollte.

Wir schätzen Individualität und wollen, dass sie wahrgenommen wird. Zugleich sind wir aber soziale Wesen. Wir wollen dazugehören, Teil der Gemeinschaft sein. Wir wollen für andere sorgen und umsorgt werden, in unserer Einzigartigkeit gesehen und verstanden werden. Wie kann man also einzigartig sein und trotzdem dazugehören? Es kommt wohl selten vor, dass jemand morgens aufwacht und denkt: „Das bin nicht mehr ich.“ Es ist eher ein schleichender Verdacht, der sich langsam aufbaut. Man erreicht einen Punkt, an dem man nicht mehr ignorieren kann, dass die Zeit für eine Veränderung der Lebensumstände gekommen ist. Die Entwicklung bis zu diesem Punkt braucht ihre Zeit.

Übung

Nur selten kommen Menschen zu mir, die eine Veränderung wollen, weil ihr Leben perfekt ist. Ihr Instinkt sagt ihnen, dass etwas Neues ansteht, auch wenn sie noch nicht wissen, was. Sie merken zum Beispiel, dass ihr Job sie allmählich auslaugt, aber sie haben keine Idee, was sie stattdessen tun sollen. Das ist in Ordnung. Man kann seinen Instinkten trauen, ohne gleich alles komplett umzukrempeln. Manchmal ist es sogar besser, noch ein bisschen zu bleiben, wo man ist, und sich Hilfe zu suchen, um sich selbst zu verstehen. Dadurch fällt es einem leichter zu erkennen, was sich ändern muss. Wenn man sofort alles stehen und liegen lässt, kann es schnell passieren, dass man bald wieder in eine derartige Situation gerät.

Es erfordert Mut, anders zu sein, doch ein Leben zu leben, das einem nicht gefällt, bereitet letztendlich mehr Probleme, als den Weg zu sich selbst zu suchen. So wie die Konditionierungen des alten Lebens sich lösen, lösen sich auch die Menschen, die sich nicht selbst erkennen wollen. Wenn Sie sich häuten, strahlen Sie in einem helleren Glanz und ziehen dabei die an, die ebenso mutig sind wie Sie. Ironischerweise werden Sie sich mit jedem Mal, das Sie sich fragen, wer Sie wirklich sind, die Welt um sich herum infrage stellen und riskieren, anders und damit mehr Sie selbst zu sein und sich zugehöriger fühlen.

Verspüren Sie manchmal die Sehnsucht, woanders zu sein? Nicht geografisch, obwohl man sich auch nach fernen Ländern sehnen kann. Es geht eher um das Gefühl, nicht da zu sein, wo man sein möchte. Eine Sehnsucht nach mehr Ruhe und Zufriedenheit. In dem Moment, wo das Samenkorn gepflanzt wird, verändert und entwickelt man sich. Mal kommt man sich selbst näher, mal entfernt man sich, um sich dann weiter zu verändern. Es wird oft von der Macht der Veränderung gesprochen, aber für mich liegt die Kraft in der Zeit vor dem Wandel.

Ist Ihnen schon einmal aufgefallen, dass wir in Zeiten des Wandels nach etwas greifen, was wir noch nicht richtig sehen können, von dem wir aber schon eine Ahnung haben? Eine tiefere Liebe, eine mitfühlendere Art, mit sich selbst umzugehen, eine entschiedenere Haltung als Eltern?

Nähern Sie sich der Schwelle zur Veränderung, müssen Sie für das Neue Einiges aufgeben – sich von Überzeugungen, Geschichten, Annahmen, Werten, Positionen, Hoffnungen, Träumen, Wünschen zu trennen, kann dramatisch sein. Aber es sind genau solche Ereignisse, die Wandel ermöglichen.

Die Person abzustreifen, von der Sie glaubten, das seien Sie, um zu werden, wer Sie wirklich sind – dazu gehört wahrer Mut.

Die Leute, die ich coache, fragen oft: „Warum bin ich noch nicht da, wo ich hin möchte?"

Das Leben ist ein fließender Prozess, der sich wie ein Meer bewegt. Die Herausforderung besteht darin, dass der Verstand oft ein Ziel sehen möchte, das es vielleicht gar nicht gibt.

Während Sie dieses Buch lesen, lassen Sie die Fragen nicht zu schwer werden:

Wo gehe ich hin? **Was lasse ich zurück?**

Die Natur trägt Sie

Haben Sie schon einmal darüber nachgedacht, wie gewaltig es ist, dass der Mond die Gezeiten beherrscht? Unsere Meere sind so riesig und doch kontrolliert eine unsichtbare Kraft ihre Bewegung und ihren Rhythmus in jedem Augenblick. Der gewaltige Ozean kann sich gegen diesen Rhythmus nicht wehren, sondern muss im Einklang mit ihm bestehen. Die Forschung hat gezeigt, dass es bei Tieren ebenso ist.

Wir Menschen tragen unsere eigenen Gezeiten in uns. In der Cranio-Sacral-Therapie kann der Therapeut die Gezeiten in einem Menschen fühlen. Die Flüssigkeiten, die das Gehirn schützend umgeben, fließen durch die Wirbelsäule auf und ab. Die Bewegung dieser Flüssigkeiten folgt ihrem eigenen Rhythmus, und wenn wir unter Schock stehen oder ein Trauma erleben, kann er sich verlangsamen oder „einfrieren". Innezuhalten ermöglicht es uns, den Sog der großen Kräfte um uns herum zu spüren. Das ist nicht nur der Mond, obwohl das Wort „mondsüchtig" fürs Schlafwandeln Bände spricht. Frauen, deren Leben sich am Rhythmus der Natur orientiert, bekommen oft ihre Periode im Einklang mit den Mondphasen. Wenn wir genau auf unseren Körper hören, ist das ein natürlicher Moment zum Innehalten. Das Tempo drosseln, in sich gehen, loslassen und sich darauf vorbereiten, sich zu öffnen und zurück in die Welt zu gehen. Wie beim Mond ist unser Rhythmus ein fließendes Auf und Ab. Die meisten von uns leben allerdings im Zustand ständiger Aktivität.

Zu diesen starken Mächten gehört nicht nur der Mond. Auch spirituelle Kräfte kann man als höhere Macht betrachten, die unser Leben beeinflussen.

Wie die Natur helfen kann

Die Natur ist ein guter Ausgangspunkt, um herunterzukommen und dem Leben eine Pause zu gönnen. Man kann Wind, Bäumen, Erde und Flüssen vertrauen, in ihnen findet sich Weisheit. Die Luft zum Atmen, die Erde, auf der wir wandeln, das Wasser, das wir trinken, die Sonne, die uns Energie gibt. Die Natur ist die grundlegende Struktur des Lebens – obwohl viele von uns das vergessen zu haben scheinen. Die Natur ist das „Gefäß", in dem wir leben, es nährt und hält uns.

Es gibt noch eine andere Natur, unsere eigene, einzigartige menschliche Natur. Viele von uns haben sich weit davon entfernt, in Harmonie mit der umgebenden Natur und ihrer wahren Natur zu leben. Einfache Dinge, etwa sich von der Sonne wecken, von der Dunkelheit auf den Schlaf vorbereiten oder von den Mondphasen leiten zu lassen, gehören nicht mehr zu unserem Alltag. Mit Vorhängen sperren wir das Sonnenlicht aus und bleiben bei künstlichem Licht, Fernseher und Laptop bis tief in die Nacht wach, um dann vom Wecker aus dem Schlaf gerissen zu werden. Die meisten von uns haben noch nie über ihren natürlichen Rhythmus nachgedacht, darüber, was ihnen von innen heraus Kraft gibt. Wir halten nur selten inne und fragen uns: „Was tut mir gut?" Wir kennen kaum unseren wahren Schlafrhythmus, folgen unserem Körper nicht, wenn er Hunger oder Durst signalisiert, und viele von uns bewegen sich nur selten so, wie es die Natur vorgesehen hat. Noch weniger Aufmerksamkeit schenken wir den unterschiedlichen Bedürfnissen in unterschiedlichen Phasen unseres Lebens. Daraus entsteht eine innere Unruhe,

Man kann dem Wind, den
Bäumen, der Erde und den
Flüssen vertrauen, in ihnen
findet sich Weisheit.

und wer die Verbindung zu sich selbst verliert, dem fehlen auch die Grundlagen für allgemeine Gesundheit, Glück und Wohlbefinden.

ständige, leichte Kopfschmerzen

Besorgnis

Müdigkeit

Schlafstörungen

Stress

Rastlosigkeit

wenig Widerstandskräfte gegen Erkältungen

Zeichen innerer Unruhe

Innere und äußere Reflexion

An dieser Stelle ist es gut, sich mit einer Tatsache vertraut zu machen, über die nur selten gesprochen wird: Unsere Außenwelt spiegelt unsere Innenwelt wider. Je mehr man die Außenwelt als Störung empfindet, desto unruhiger fühlt man sich auch innerlich. Daher kann sich dieselbe Situation an unterschiedlichen Tagen ganz verschieden anfühlen oder von zwei Menschen unterschiedlich beurteilt werden. Stellen Sie sich vor, Sie machen einen Winterspaziergang mit einem Freund, bei dem Sie eine Vielzahl von Farben sehen und Ihr Freund nimmt nur Grautöne wahr – ein ganz einfaches Beispiel.

Wir alle wissen, dass es heutzutage viele Unruhen auf der Welt gibt. Wir sehen internationale Banken, Regierungen, Währungen und Länder über Nacht zusammenbrechen. Menschen sind gezwungen, aus ihrer Heimat zu flüchten, und unzählige Männer, Frauen und Kinder leben unter lebensbedrohlichen, unmenschlichen Bedingungen. Wir stehen kurz vor einer Umweltkrise, deren Ausmaß wir uns kaum vorzustellen wagen. Länder und Familien sind geografisch, finanziell und politisch zerrissener als je zuvor. Terrorattacken und nukleare Bedrohung lassen uns ständig um unsere Sicherheit fürchten, zugleich fühlen wir uns machtlos. An die Institutionen, denen wir einst vertrauten, glauben wir nicht mehr. Die Gemeinschaften, zu denen wir gehörten, öffnen ihre Türen nicht mehr. Das Essen, das uns einst ernährte, ist so ausgelaugt wie der Boden, auf dem es wächst. Wo immer man hinblickt, herrscht Tumult.

Je enger die Verbindung zur eigenen wahren Natur ist, desto weniger verstört fühlt man sich und desto mehr kann man sich mit den Realitäten des Lebens auseinandersetzen. Wenn man sich einfache Rhythmen und Rituale schafft, findet man sein Zuhause. Es ist wichtig sich klarzumachen, wie unwahrscheinlich es ist, dass sich die äußeren Umstände ändern. Die Welt ist, wie sie ist, aber wenn man bei sich selbst angekommen ist, fühlt sich alles anders an. Man ist vollkommen authentisch und kann sich dem alltäglichen Leben mit einer Leidenschaft widmen, von der man immer schon wusste, dass man sie in sich hat.

Sich selbst an erste Stelle zu setzen, ist nicht egoistisch, sondern nötig

Wer sich auf seine eigene, innere Natur konzentriert, fühlt sich schnell egoistisch, wenn er bedenkt, was ansonsten in der Welt vor sich geht. Sich um seine Gesundheit und sein Wohlbefinden zu kümmern, erfordert Hingabe an das Selbst, daher sollte man an dieser Stelle den Begriff „selbstsüchtig sein" mal genauer betrachten. Allzu oft achten wir nicht auf uns, weil wir die Bedürfnisse anderer über unsere eigenen stellen. Man kann das voller Leidenschaft tun – schließlich ist es für viele von uns auch ein Gewinn, anderen zu helfen –, aber es gibt eine Grenze zwischen Hilfe und Selbstaufgabe. Wird diese Grenze unscharf, wächst oft das Verlangen, Wertschätzung zu erlangen, indem man sich als Märtyrer hervortut.

Wir überzeugen uns davon, dass wir gutherzig sind, wenn wir uns in den Dienst anderer stellen. Wir glauben, es sei ehrenhaft, jemanden nicht zu verlassen, um ihn nicht zu verletzen. Wir überzeugen uns, dass wir ehrenhaft sind, wenn wir unsere Träume für jemand anderen aufgeben. Wir geben, was wir können, und noch mehr. Wir geben unsere Zeit, unser Herz, unsere Kraft, unsere gute Laune, unsere Begabung, unsere Energie. Wenn wir das tun, fühlen wir uns besser. Bis wir so viel gegeben haben, dass wir nichts mehr geben können.

Die wahre Botschaft, die wir aussenden, lautet: „Sieh, wie viel Schmerz ich für alle anderen erleide." Das ist nicht edel, es ist unehrenhaft, brutal und unaufrichtig uns selbst gegenüber. Wenn wir uns nicht zuerst um uns kümmern, zwingen wir andere, das zu übernehmen. Daraus entsteht in Beziehungen eine Co-Abhängigkeit. Auf der Arbeit geben wir mehr als wir bekommen und erschöpfen unsere Energiereserven und unsere Vitalität. In Beziehungen passen wir uns dem Partner an und verlieren Leidenschaft und Intimität. Als Eltern geben wir unsere Träume auf und verlieren das Gefühl für unsere Identität und die Gewissheit, am rechten Ort zu sein. Es ist wie eine Notlüge, die niemanden schützt: Für ein positives Image täuschen wir uns und andere und das führt zu Abneigung, Erschöpfung und fehlendem Einklang mit uns selbst, zum Gegenteil von Harmonie, Frieden und Ausgeglichenheit, die wir uns eigentlich wünschen.

Um anderen auf gesunde Weise zu dienen, Intimität zu erleben oder eine gesunde Familiendynamik zu schaffen, müssen wir uns zuerst um uns selbst kümmern. Sich selbst an erste Stelle zu setzen, ist nicht egoistisch, es ist nötig.

Übung

Wenn Sie sich ausgelaugt fühlen (und so geht es vielen von uns), hilft es, darüber nachzudenken, wo man die eigenen Bedürfnisse zugunsten der Bedürfnisse eines anderen vernachlässigt. Wenn das für Sie schwierig erscheint, versuchen Sie es in kleinen Schritten. Fangen Sie mit den Grundlagen im Abschnitt über Ernährung, Ruhe und Bewegung (s. S. 186–203) an und bauen Sie darauf auf. Die Sorge für sich selbst zur Priorität zu erheben, ist ein unverzichtbarer Teil meines Prozesses. Wenn Sie sich nicht um sich selbst kümmern, wird es auch niemand anders für Sie tun – oder jedenfalls nicht so, wie Ihr Körper und Ihre Seele es sich wünschen.

- Finden Sie zuerst heraus, welche Bedürfnisse Sie haben. Wenn Sie sie nicht kennen, können Sie sich nicht um sie kümmern.
- Denken Sie daran, dass sich Ihre Bedürfnisse mit Ihnen verändern. Bewerten Sie sie in Zeiten des Wandels neu.
- Tun Sie nichts, nur weil alle es tun. Die meisten Menschen, denen Sie begegnen, kümmern sich nicht gut um sich selbst und sind keine Vorbilder.
- Scheren Sie sich nicht um die Meinung anderer. Tun Sie, was Sie als das Beste für sich halten, selbst wenn das heißt, dass Sie anders sind.
- Orientieren Sie sich an dieser einfachen Gleichung: Je mehr Sie anderen geben, desto mehr müssen Sie auch sich selbst geben.

Der Rhythmus der Natur

Menschen sind nicht dafür gemacht, immer „in Betrieb" zu sein. Wir haben natürliche Rhythmen, die den Kreisläufen der Natur folgen. Unsere innere biologische Uhr, der natürliche Tagesrhythmus, arbeitet normalerweise nach einem 24-Stunden-Zyklus, der Schlaf, Appetit und Körpertemperatur regelt. Während des Nachtschlafs produziert unser Körper zum Beispiel das Hormon Melatonin, das uns zur Ruhe kommen lässt, damit unser Körper seine Zellen entgiften, reparieren und erneuern kann. Darauf folgt die Ausschüttung einer anderen Substanz, Kortisol, das uns morgens aus dem Bett bringt. Am frühen Nachmittag gibt es noch einmal eine Schuss Kortisol, um uns durch den restlichen Tag zu bringen. Unser biologischer Rhythmus kann von Umweltfaktoren wie den folgenden beeinflusst werden:

- Jahreszeitliche Änderungen, darunter Veränderungen der Tageslichtstunden und der Temperaturen
- Körperlicher und emotionaler Stress
- Schichtarbeit
- Reisen durch unterschiedliche Zeitzonen
- Urlaub
- Medikamente oder Drogen
- Schwangerschaft
- Psychische Probleme
- Einige Krankheiten

Neben dem westlichen Standpunkt können auch die zahlreichen grundlegenden Prinzipien der östlichen, insbesondere der chinesischen Philosophie eine Hilfe sein. Demnach enthält jedes Wesen und alle Materie eine Energie namens Qi oder Chi (andere östliche Traditionen haben noch weitere Namen dafür). Qi existiert in allem und laut der chinesischen Philosophie bewegt es sich zwischen zwei „Prinzipien", Yin und Yang. Einfach gesagt steht Yin für die weiche, dunkle, passive, weibliche Seite und Yang für die harte, helle, aktive und maskuline. Allem in der Natur werden entweder Yin- oder Yang-Eigenschaften zugesprochen. In den Zyklen der Natur sind diese Energien in ständigem Fluss und stehen immer im Gleichgewicht. So wächst zum Beispiel die Saat (Yin) zu einer Pflanze (Yang), die abstirbt und in die Erde (Yin) zurückkehrt. Das geschieht mit dem Wechsel der Jahreszeiten. Der Winter (Yin) geht über den Frühling in den Sommer (Yang) über, der dann wieder zu Herbst und Winter wird. Daher beachtet die Wissenschaft der Traditionellen Chinesischen Medizin (TCM) genau die Auswirkungen des Jahreszeitenwechsels auf Körper und Wohlergehen.

Angesichts der Auswirkungen, die der Jahreszeitenwechsel auf uns hat, sollten wir in Harmonie mit den Jahreszeiten leben, denn so bleibt unser System gesund. Daher gilt es, in Frühjahr und Sommer unser Yang besonders zu pflegen und in Herbst und Winter unser Yin. Deshalb essen beispielsweise Menschen in heißen Regionen oft scharf. Das erweitert die Yang-Energie.

Wie der Winter sollten auch Sie ruhen. Sie sollen sich selbst im Dunkel der Schatten begegnen. Wenn Sie die Dunkelheit unterdrücken, nehmen Sie sich auch das Licht. Daraus ergibt sich:

- Ihre Talente können sich nicht entfalten.
- Ihre Veranlagungen verkümmern.
- Ihr einzigartiges Leuchten verblasst.

Ihnen allen fehlt die Nahrung, die sie brauchen, um zu erblühen. Denn wie der Tag auf die Nacht folgt, so folgt auf Dunkelheit Licht.

Die Entsprechungen der fünf Elemente - Natur

JAHRESZEIT	UMWELTEINFLUSS	ENTWICKLUNG
Frühling (Yang)	Wind	Geburt
Sommer (Yang)	Hitze	Wachstum
Spätsommer (abnehmendes Yang und zunehmendes Yin)	Feuchtigkeit	Wandel
Herbst (Yin)	Trockenheit	Ernte
Winter (Yin)	Kälte	Lagerung

„Harmonie mit den Jahreszeiten ist für eine ausgeglichene Person die zweite Natur. Leider ist bei den meisten von uns die instinktive Wahrnehmung abgestumpft. Nur durch Übungen, die uns den Zyklen der Natur nahebringen, hören wir deutlich die Stimme unserer eigenen Natur.“

– Paul Pitchford,
Healing with Whole Foods
(„Heilen mit vollwertigen Lebensmitteln“)

Übung

Um den eigenen natürlichen Rhythmus zu verstehen, müssen Sie loslassen, was Sie derzeit täglich tun, und stattdessen wieder eine Verbindung zu dem herstellen, was für Sie wirklich am besten ist. Obwohl Ihnen diese Aspekte sehr bekannt vorkommen werden, geht es darum, sie mit neuen Augen zu betrachten. Tun Sie so, als dächten Sie zum allerersten Mal über sich nach und als wären Ihnen diese Fragen ganz neu. Die Kunst bei dieser Vorgehensweise liegt darin, wieder in Kontakt mit Instinkten und Wahrnehmungen zu treten. Natürlich können Ihre Antworten auf diese Fragen zu unterschiedlichen Jahreszeiten unter Umständen unterschiedlich ausfallen. In Ihrem Tagebuch können Sie eine Tabelle wie diese anlegen:

	Frühling
1. Wann wachen Sie von allein auf?	
2. Welche Tageszeiten sind für Sie am besten, um zu essen?	
3. Wann will Ihr Körper am liebsten schlafen?	
4. Mit wie viel Schlaf fühlen Sie sich am wohlsten?	
5. Wann fühlen Sie sich am wachsten?	
6. Wann fühlen Sie, dass Sie müde werden?	
7. Wann können Sie am besten arbeiten?	

Das sind keine komplexen Fragen, aber ich möchte Sie einladen, sie aus einer neuen Perspektive zu betrachten, um herauszufinden, was für Sie von Natur aus am besten ist. Zum Beispiel wachen Sie vielleicht von allein zu einer anderen Zeit auf als Ihr Partner. Oder für Ihren Job müssen Sie von 8 bis 17 Uhr im Büro sein, obwohl Ihr Energielevel am späteren Abend viel höher ist. Vielleicht sind einige dieser Fragen schwerer zu beantworten als andere. Das Ziel ist, in Ihren Körper hineinzuhören, um die besten Antworten zu erhalten. Seien Sie geduldig. In Ihrem natürlichen Rhythmus zu leben, ist essenziell, um innezuhalten und wieder mit sich selbst in Einklang zu kommen. Nehmen Sie sich Zeit für diese Fragen, vielleicht über ein ganzes Jahr mit seinen Jahreszeiten. Wenn Sie noch weitere Fragen Ihren natürlichen Rhythmus betreffend haben, schreiben Sie sie dazu.

Sommer	**Spätsommer**	**Herbst**	**Winter**

Körper und Geist

In den Pause-Retreats nutzen wir die Natur als einen Weg, um uns wieder in unseren Körpern heimisch zu fühlen, unser Bewusstsein zur Ruhe kommen zu lassen und uns durch unseren Atem wieder mit uns selbst zu verbinden. Das ist nicht kompliziert und geht auch ohne ein Retreat. Der Trick ist – wie so oft – sich Zeit und Raum dafür zu schaffen.

Hier sind einige Übungen, die wir in unseren Retreats machen, die Sie vielleicht auch ausprobieren möchten:

Mikro-Makro-Walks
Das sind schöne Spaziergänge, in denen wir unserer Umgebung viel Aufmerksamkeit schenken, indem wir zwischen der Weite der Landschaft und winzigen Details hin und her zoomen. So können zuerst Himmel und Wolken im Blickpunkt stehen und dann Wassertropfen am Rand eines Blattes. Dahinter steht die Idee, in einem Bereich zu verweilen, um die jeweilige Erfahrung in sich aufzunehmen, bevor man die Aufmerksamkeit auf etwas anderes lenkt. Bei den Walks im Retreat finden die Teilnehmer oft Symbole und Metaphern für ihre Situation. Es ist interessant, wie einen die Natur unterstützt.

Wer weit entfernt vom Land wohnt, kann auch in der Stadt Mikro-Makro-Spaziergänge unternehmen. Ein Park, ein Garten, eine Grünfläche oder ein Fluss bieten sicher genug Platz. Auch dort kann man zwischen offenem Raum und winzigen Details sanft abwechseln. Sie werden erstaunt sein über das, was Sie dort entdecken.

Sitzen

Diese Übung ist als Technikpause gedacht. Sie ist nicht wirklich eine Meditation, kann aber so wirken. Suchen Sie sich einen Platz, der Ihnen gefällt, am besten am Wasser, und lassen Sie sich dort ohne Uhr, Smartphone, Stift oder Papier nieder. Sitzen Sie an Ihrem Fleck und denken Sie über eine große Frage nach, lassen Sie sie langsam aufsteigen, aber klammern Sie sich nicht an ihr fest. Es geht nicht darum, sich in die Frage zu verbeißen. Stattdessen sollen die Einsichten ein- und ausströmen, wenn sie sich ergeben. Immer, wenn ich den Teilnehmern sage, dass sie nun eine Stunde nur für sich sein werden, werden sie ziemlich nervös. Das liegt daran, dass wir diese Erfahrung nur noch selten machen – über Telefone und soziale Medien sind wir immer erreichbar. Kommt Ihnen eine Stunde zu lang vor, versuchen Sie es zunächst mit 20 oder 30 Minuten und nehmen Sie sich beim nächsten Mal eine etwas längere Zeit vor!

Auch diese Übung können Sie, wenn nötig, in der Stadt machen. Ist kein Fluss oder See in der Nähe, tut es auch ein anderer Ort in der Natur, etwa ein Baum im Park, ein Ententeich oder der eigene Garten. Die Nähe zur Natur vermittelt uns Geborgenheit, Unterstützung und Verwurzelung.

Reden, während ein anderer zuhört

Eine andere Übung bei unseren Retreats ist, mit einem Partner spazieren zu gehen und zu reden, während der andere zuhört, ohne Fragen zu stellen oder zu antworten. Der Partner soll keine Ratschläge erteilen oder Lösungen anbieten, aber Sie werden seine Gegenwart spüren, während er zuhört. Sie können das mit einem Freund versuchen, dann kann einer reden und einer zuhören und danach machen Sie es umgekehrt. Auch das geht besonders gut in der Natur, bei einem Spaziergang entlang eines Flusses, in einem Wald oder an einem See. Was die Natur dazu beiträgt, werden Sie nicht erleben, wenn Sie an einer befahrenen Straße durch die Betonwüste der Stadt laufen.

- Bei den Retreats sitzen wir um ein Lagerfeuer. Das lässt sich im Alltag nur schwer verwirklichen, aber suchen Sie nach einer Gelegenheit, an einer Feuerstelle zu sitzen, entweder drinnen oder draußen. Es wird Ihren Geist anregen und lässt oft neue Gesprächsthemen aufkommen.
- Man konnte uns auch schon dabei beobachten, wie wir uns wie die Sufis drehen und den Mond anheulen, aber das ist eine andere Geschichte.

Verbindung zur Natur durch den Atem

Der Atem ist der Weg in den Körper. Auch Bewegung, die es Ihnen erlaubt, sich des Atems bewusst zu werden, lässt Sie stärker mit sich selbst in Kontakt treten.

Zur Bewegung gehört der Körper, doch es gehört auch die nicht sichtbare Wahrnehmung von Energie und Gefühlen dazu. Sie können auf Ihren Körper hören, um zu verstehen, welche Art der Bewegung Sie in einem bestimmten Moment benötigen. Haben Sie das Gefühl festzustecken und wenig Energie zu haben, brauchen Sie sowohl sanfte Yin-Bewegungen wie Qi Gong, Flow-Yoga und Tai Chi zusammen mit energetischeren Yang-Ausbrüchen, zum Beispiel Kraft- oder Kardiotraining. Wenn Sie die Spannungen des Tages mit sehr anstrengendem Sport abbauen oder so Ihren Körper beleben, überlegen Sie, ob Ihrem Körper vielleicht ruhigere, sanftere Arten der Bewegung besser tun würden, um sich durch Bewegung und einen fließenden Atem wieder in Einklang zu bringen (siehe Übungen für den Alltag, Seite 182).

Ihr Geist leitet Sie

Was ich mit Geist meine, ist eine Energie, die tief in uns und um jeden von uns herum fließt. Im Innern ist sie ein Funke, eine Flamme, eine Leidenschaft, die Sehnsucht nach Verbindung. Sie ist der Wunsch zu wissen, warum wir hier sind und wer wir sind. Äußerlich ist es eine mächtige, fast unerklärliche Kraft, die magisch wirkt, wenn man ihr traut und auf sie hört.

In einer Zeit, in der Logik und Wissenschaft herrschen, haben wir die Verbindung zur Intuition verloren. Es ist schwer, Intuition rational zu definieren. Sie kann ein unerklärlicher Widerstand sein, eine Sehnsucht, ein nagender Zweifel oder sogar ein Flüstern. Wie oft haben Sie so etwas schon gespürt? Vielleicht war es nur ein „komisches Gefühl", das so schnell wieder verschwand, wie es gekommen ist? Vielleicht haben Sie es verworfen, nur um dann Tage, Wochen oder Monate später festzustellen, dass Sie darauf hätten hören sollen. Je mehr wir Intuition als Unsinn abtun, umso mehr verlieren wir die Fähigkeit, ihr zu trauen. Je weniger wir auf sie hören, desto schwieriger ist es, sie wahrzunehmen.

Denken Sie darüber nach, was Sie zurzeit im Leben leitet. Wie treffen Sie täglich Entscheidungen? Führt Ihr Verstand Sie? Wie viel Platz bleibt für Ihre Intuition? Werden Sie von Freunden, Familie und sozialen Medien beeinflusst? Gibt es Leitprinzipien, auf die Sie zurückgreifen können? Wie gut verstehen Sie die Botschaften, die Herz und Seele Ihnen senden? Lassen Sie sich je vom Leben und den Zeichen um Sie herum leiten?

Denken Sie nun darüber nach, wie sicher Sie Ihre Entscheidungen treffen, alltägliche ebenso wie größere. Fühlen Sie sich wohl mit Ihren Entschlüssen oder sind Sie beim Abwägen nervös und stellen sich immer wieder andere Szenarien vor in der Hoffnung, den richtigen Weg zu finden?

Diese Fragen sollen Ihnen nicht vermitteln, Sie machten etwas falsch. Es soll Ihnen einfach nur bewusst werden, wie wir durchs Leben gehen. Im Westen leben wir in einer Zeit, in der der Verstand regiert. Selbstverständlich ist der Verstand hilfreich! Er ist eine mächtige Kraft, aber nicht die einzige. Wenn wir dem Denken als Weg durchs Leben zu viel Gewicht geben, schneiden wir uns ab. Wir vergessen, dass unser Körper uns Dinge sagt, dass unsere Intuition uns leitet, und dass wir auch auf unsere Gefühle hören müssen. Wir vergessen, dass es höhere Mächte um uns gibt, die uns führen und lehren. Wenn der Verstand das Herz übertrumpft, wenn der Status wichtiger ist als die Familie, Geld wichtiger als die Natur, wird Wissen zu unserer wichtigsten Währung – und dann verlieren wir die Verbindung zu uns selbst, zu unseren Lieben und sogar zu der Luft, die wir atmen.

So weit muss es aber nicht kommen. Es ist möglich, mit allen unseren Kräften eine tiefe Verbindung einzugehen. Meiner Erfahrung nach muss man dafür einen Gang zurückschalten und Raum schaffen. Der Verstand funktioniert sehr schnell, in jeder Sekunde verarbeitet, ordnet, archiviert und löscht er riesige Datenmengen. Doch Körper, Herz, Intuition und das Leben verlaufen oft (aber nicht immer) langsamer. Bei Gefahr reagiert der Körper blitzschnell, aber angesichts der meisten

Alltags- und sogar großer Lebensentscheidungen ist man nicht wirklich in Gefahr und eine erhöhte Alarmbereitschaft ist nicht nötig.

Als ich mich vor einigen Jahren von einem Burn-out erholte, musste ich wichtige Entscheidungen für mein Leben treffen. Innerhalb von drei Monaten bemerkte ich etwas sehr Interessantes. Ich stellte fest, wie weit mein Verstand der Realität voraus war. Er wollte, dass sich meine Situation viel schneller besserte, als sie es tat. Tatsächlich schien mein Geist den realen Dingen immer drei Monate voraus zu sein.

Das war eine wichtige Erfahrung für mich, aber das heißt nicht, dass es bei Ihnen genauso sein muss. Es kann jedoch helfen herauszufinden, worauf sich der Verstand konzentriert. Steckt er in der Vergangenheit mit schlechten Erfahrungen fest? Wendet er sich der Zukunft zu und will die jetzige Situation ändern? Und wenn, wie weit? Oder steckt er gelähmt in der Gegenwart? Erstarrt, verwirrt und richtungslos? Nehmen Sie sich Zeit, um zu erkennen, was Ihren Verstand umtreibt.

Als mir klar wurde, wie weit mir mein Verstand voraus war, begann ich mich stattdessen auf die Welt unmittelbar um mich herum zu konzentrieren, was mir mit der Zeit immer leichter fiel. Manche Menschen nennen das „präsent sein“, aber ich bevorzuge den Begriff Flow. Sobald wir die Ereignisse in unserem Leben wirklich wahrnehmen, können wir auf sie reagieren (oder eben nicht) und so in einen natürlichen Flow kommen. Die Vorstellung, sich auf das Leben einzulassen, statt sich vom Verstand regieren zu lassen, ist keine einfache

Aufgabe (vor allem, weil der Verstand das Kommando will!). Ich sage nicht, dass man die Zukunft völlig außer Acht lassen soll – oft ist ein Plan hilfreich. Ich habe gelernt, einen Plan zu haben, daran aber nicht festzuhalten, das heißt, einen Kurs zu setzen und dann mit der Realität zu tanzen, die sich ergibt.

Die Idee, sich vom Fluss der Dinge, dem Flow, treiben zu lassen, ist populär geworden und ich höre oft den Satz: „Das muss ein Zeichen sein." Doch in der Regel ist das, was beschrieben wird, kein Zeichen, sondern ein Konstrukt des Verstandes. Den Zeichen des Lebens wirklich zu folgen und sich vom Gespür leiten zu lassen, erfordert, sich Wahrheiten zu stellen, die man lieber nicht erkannt hätte, und Entscheidungen zu treffen, die sich als echte Herausforderung erweisen. Wir sind in einer Zeit groß geworden, in der es heißt, es gibt immer eine Wahl. Manchmal tritt aber die Wahrheit in einer bestechenden Klarheit zutage und wir wissen: Es gibt keine Wahl. In dem Moment wissen wir, was zu tun ist oder was wir loslassen müssen und dass es keine andere Möglichkeit gibt. Wir wissen auch, dass das Leben danach grundlegend anders sein wird. Ich nenne das eine „Keine-Wahl-Wahl". Wenn ich den Momenten vollkommener Klarheit gefolgt bin, war das nicht leicht, aber ich habe dabei die größte Freiheit gefunden.

Wenn Sie sich den Hinweisen, die Sie bekommen, öffnen können und durch die Türen gehen, die offen und nicht geschlossen sind, lassen Sie sich vom Fluss des Lebens tragen, statt es zu bekämpfen. Die Reise wird dann viel leichter.

Sind Sie bereit zu lernen, dem Flow zu folgen?

Die Idee, sich vom Fluss der Dinge, vom Flow, treiben zu lassen, ist populär geworden, und ich höre oft den Satz: **„Das muss ein Zeichen sein."**

Übung

Bienen-Meditation

Ein Weg zur Harmonie mit der Welt um uns herum ist, Harmonie in uns selbst zu schaffen. Dazu gibt es mehrere Ansätze. Einer davon ist, einen natürlichen Rhythmus zu schaffen (der Essen, Schlafen, Arbeiten usw. betrifft), ein anderer, unseren Verstand in den Griff zu bekommen. Vor langer Zeit sagte mir jemand: „Du hast einen Verstand, aber du bist nicht dein Verstand." So, wie wir einen Arm haben, den wir aber nicht unser Leben übernehmen lassen. Warum sollte unser Verstand das dürfen?

Wenn Ihr Stresslevel sich nicht bändigen lässt und Sie nicht abschalten und sich entspannen können, arbeitet Ihr Kopf wahrscheinlich noch. Einige Leute merken das daran, dass sie nach einem anstrengenden Tag erschöpft im Bett liegen, aber nicht einschlafen können. Je mehr Stress sich in uns aufbaut, desto schwieriger wird es, sich auf den Flow des Lebens einzulassen.

Meditation ist ein Weg, um mit dem Alltagsstress umzugehen und Harmonie in den Kopf zurückkehren zu lassen. Wenn ich als Coach arbeite, treffe ich viele Menschen, die mir sagen, sie hätten es mit Meditieren versucht, finden es aber zu schwierig und haben es aufgegeben. Das Problem ist, dass sie glauben, sie machen etwas falsch, wenn sie sich zur Meditation hinsetzen und dann hören, was in ihrem Kopf vor sich geht. Tatsächlich lässt Meditation aber nur bewusst werden, was bereits da ist. Wenn Gedanken und Unruhe durch den Kopf rasen, ist das eben das, was man erlebt. Das heißt nicht, dass man etwas falsch macht. Es heißt nur, dass die Innenwelt sich gerade (und vielleicht noch länger) so anfühlt. Die Kunst der Meditation besteht darin, das Jetzt anzunehmen, ohne zu versuchen, es zu ändern, zu beurteilen oder zu korrigieren. Die Aufgabe beim Meditieren ist, still zu bleiben und auf die Atmung zu achten, während der Kopf weiterarbeitet und Gefühle sich zeigen.

Wem das zu schwierig erscheint, der kann diese wunderbare Bienen-Meditation ausprobieren (s. S. 74). Ich nenne sie eine Meditation für Leute, die nicht meditieren können. Ich finde, dass sie gut funktioniert, wenn die Gedanken nicht ruhen wollen, denn der Ton, den man dabei von sich gibt, ist eine Ablenkung und der Verstand liebt Ablenkungen. Sie funktioniert, indem man durch summen eine innere Vibration erzeugt und den Seh- und Gehörsinn dabei ausschaltet. Das Summen klingt wie das der Bienen, daher der Name.

So funktioniert die Bienen-Mediation (lesen Sie den folgenden Text erst ganz durch, bevor Sie beginnen):

- Beginnen Sie, indem Sie sich einen Platz suchen, an dem Sie ein paar Minuten allein sein können. Setzen Sie sich mit geradem Rücken bequem hin.
- Prüfen Sie Ihren Körper und finden Sie heraus, wie Sie sich fühlen.
- Wenn Sie bereit sind, schließen Sie Ihre Augen, stecken sich die Daumen in die Ohren und halten Sie sich mit den Zeigefingern die Augen zu (damit sollen der Seh- und Gehörsinn einen Augenblick lang ausgeschaltet werden).
- Atmen Sie ein, und wenn Sie ausatmen, machen Sie ein summendes Geräusch.

- Wiederholen Sie das Einatmen und Summen zehnmal.
- Haben Sie zehnmal so geatmet, halten Sie die Augen geschlossen, reiben die Hände aneinander, um Wärme zu erzeugen, und legen sich die Hände aufs Gesicht.
- Öffnen Sie langsam die Augen und nehmen Sie die Hände weg.
- Prüfen Sie Ihren Körper erneut und stellen Sie fest, wie Sie sich fühlen.

Im Nichts passiert etwas

Die Leere war riesig. Ein Raum, der sich heimlich anschlich und mich mit seinem Gewicht erdrückte. Schwarz und düster wie der Winter um mich herum, ich fühlte mich leer und verloren. Was sollte ich tun?

Mein innerer Kompass drehte sich wie wild und ohne Nordpfeil, an dem er sich hätte festhalten können. Meine normalen Orientierungspunkte waren verschwunden, es gab nichts als Raum.

Während mein Verstand verzweifelt nach etwas suchte, womit sich die Leere füllen ließe, hörte ich mein Herz leise flüstern, ich solle in diesem Raum bleiben.

Ich fühlte mich zutiefst unbehaglich.

Ich tat nichts, saß tagelang zu Hause und fragte mich, was zum Teufel hier vor sich ging. Keine Antwort. Die Angst füllte die Leere gerne, sie stürmte zu jeder Tageszeit heran, ein unwillkommener Gast. Ich lehnte mich dagegen auf und wollte um jeden Preis die Leere füllen, womit auch immer, alles war besser als dieses Nichts.

Aber das Leben verlangte nichts.

Es schuf immer noch mehr Raum.

Es lud mich ein, in die Leere zu treten ...

Ich bin in genügend Einbahnstraßen und Sackgassen geraten, aber ich habe gelernt, dass es noch einen anderen, oft klügeren Teil von mir gibt, dem ich vertrauen kann. Ein Teil von mir, manchmal nur ein leises Flüstern, das durch den Lärm in meinem Kopf kaum zu hören ist. Ein plötzlicher Gefühlsansturm, den ich der Nervosität zuschreibe. Ein Teil von mir, den ich oft übergehe, weil ich ihn lächerlich, unsinnig, irrelevant und unwichtig finde.

Abbremsen und sich darüber klar werden, was das Herz will und wohin mich das Leben führt, ist eine Erfahrung, die uns verändert – wenn wir den Mut haben, anzuhalten, zu atmen und nach innen zu blicken. Aber unser Geist bevorzugt schnelle Lösungen. Er zieht Sicherheit der Unsicherheit vor, Wissen der Unwissenheit und Pläne der Unklarheit. Wenn wir so auf die Antwort zueilen, kann es passieren, dass wir die Frage verpassen. Wir nehmen dem Raum die Luft.

Doch die Fragen sind das Flüstern der Seele. Welche Frage will am dringendsten beantwortet werden und wird doch von der Geschäftigkeit und Ablenkung des Lebens beiseitegedrängt? Sie sehnt sich nach Aufmerksamkeit, und wenn man sich gestattet innezuhalten, und wenn der Lärm nachlässt, ist das Flüstern zu hören. Nun ist die Zeit gekommen, dass sie sich zeigen darf.

Hier kann man nichts falsch machen. Schließlich stand vor mancher großen Entdeckung ein „Ich weiß nicht“. Vertrauen Sie sich. Lassen Sie die Fragen zu. Fragen Sie sich: „Was würde ich jetzt gerade am liebsten wissen? Was braucht gerade meine Aufmerksamkeit?“ Bleiben Sie eine Weile sitzen, spüren Sie Ihren Atem und wie er Sie wieder mit Ihrem Körper verbindet. Es ist schon lange her, seit Sie zum letzten Mal tief geatmet haben, oder? Spüren Sie, wie die kühle Luft in Ihren Körper strömt. Fühlen Sie sie durch Ihren Körper fließen und Ihren Bauch weiten. Bleiben Sie dem Atem auf der Spur, wenn er Ihren Körper verlässt, und atmen Sie sanft aus, als wollten Sie eine Kerze ausblasen.

Bei der Pause geht es nicht um schnelle Antworten, sondern ums Entschleunigen, sodass man beginnen kann, die richtigen Fragen zu stellen. Die Antworten sind normalerweise einfach. Es sind die Fragen, die man überhört.

> Lass uns schweigen –
> und führ uns nicht
> zurück ins Debattieren.
>
> **– Rumi**

Wie zeigt sich Intuition?

Manchmal hört man diese Art der Weisheit als stilles Flüstern von tief drinnen, als Ruf aus dem Innern. Es ist der Teil von Ihnen, der die Wahrheit kennt. Aber vielleicht haben Sie Angst, auf ihn zu hören. Der Teil, der weiß, dass Sie sich jetzt um Ihre Gesundheit kümmern sollten, dass es Zeit ist, eine schlechte Beziehung zu beenden, der Teil, der weiß, wie Sie Ihre Kreativität ausdrücken könnten.

Manchmal kommt diese Weisheit von einer Sekunde auf die andere scheinbar aus dem Nichts. Man weiß plötzlich genau, was zu tun ist, wie man sich verhalten muss, ohne Fragen oder Zweifel.

Denn in manchen Momenten des Lebens weiß man einfach alles, was man wissen muss.

Übung

Wie können Sie Ihre Intuition fördern?

Hören Sie das Flüstern

Wenn Sie innerlich ein Flüstern, eine Stimme vernehmen oder wenn Sie von einem Gefühl übermannt werden, schieben Sie es nicht beiseite. Lassen Sie ihm Raum zur Entfaltung und Offenbarung. Wir übergehen solche Gefühle oft als Sorgen oder nebensächliche Informationen, aber mit der Zeit erkennt man, wie wichtig sie sind.

Achten Sie auf Zufälle

Albert Einstein hielt Zufälle für Gottes Art, inkognito zu bleiben. Ich glaube, aus Zufällen, die in uns einen Funken erzeugen oder allzu verrückt erscheinen, lässt sich etwas lernen. Erzeugt das in Ihnen ein starkes Gefühl oder eine Stimme, hören Sie hin.

Begegnen Sie Unerwartetem mit Neugierde

Manchmal führt uns das Bauchgefühl zu Dingen, die wir nicht sofort verstehen. Sie werden von etwas angezogen? Warum wohl? Was will Ihre Intuition Ihnen sagen? Reagieren Sie mit Neugierde, anstatt zu kontrollieren, was passiert. Lassen Sie sich auf den Flow ein!

Hören Sie auf die Weisheit tief in Ihrem Innern

Bekämen wir jedes Mal einen Euro, wenn wir uns wünschen, wir wären unserer Intuition gefolgt, wären wir reich. Rückschau ist eine wunderbare Sache. Versuchen Sie, solche Momente der Reue zu vermeiden, indem Sie sich beim nächsten Mal auf Ihre innere Stimme einlassen. Wenn Sie ein Flüstern hören, bitten Sie um eine Wiederholung und deutlichere Aussprache. Ihr Inneres leitet Sie am besten.

Kreativität beflügelt Sie

Nun, da Ihre Grundlagen solide und Sie im Flow des Lebens sind, ist es an der Zeit, Ihre Leidenschaften von Kreativität beflügeln zu lassen. Wenn Ihre Kreativität einfach fließt, folgen Sie Ihrem Herzen und drücken aus, was in Ihnen steckt. Jetzt heißt es mutig sein, Fehler machen, Neues ausprobieren und Abenteuer wagen. Viele denken: „Ich bin nicht kreativ, ich bin nicht mutig. Das bin ich einfach nicht." Zweifel wie diese stecken tief in uns seit der Kindheit, wo man uns sagte, wir dürften beim Ausmalen nicht über die Linien kommen, alles müsse schön ordentlich sein. Entscheidungen, die andere für uns getroffen haben, begreifen wir als eigene Überzeugungen. Mit der Zeit haben sie sich eingeschlichen, unbemerkt, ohne unsere Aufforderung, und sind zu unserer Wahrheit geworden. Dabei ist die Wahrheit nur das, was wir sehen können oder irgendwann glauben. Was wäre, wenn in Ihnen Kreativität steckte? Was, wenn sie in uns allen wäre?

Kreativität hat viele Formen, nicht nur die offensichtlich künstlerische. Wissenschaft und Technik sind kreativ oder die Art, wie man Probleme angeht oder sein Leben lebt. Man hört oft, Kreativität müsse originell sein, aber kreative Versuche können auch Ausdruck von etwas sein, was es schon gibt. Ihr ganz persönlicher Stil lässt Kreativität entstehen. Niemand, selbst wenn er Ihre Kreation kopiert, kann dasselbe wie Sie erschaffen.

Ein Problem bei der Kreativität ist, dass sie uns verletzlich macht. Sich durch Kunst, Ideen oder Lebensart auszudrücken und zu zeigen, setzt Sie der Meinung und dem Feedback anderer aus, was inspirierend, aber auch zerstörerisch sein kann. Das ist aber kein Grund, auf sein kreatives Feuer zu verzichten.

> Das Leben schrumpft oder dehnt sich aus, proportional zum eigenen Mut.
>
> **– Anaïs Nin**

Wenn Sie darauf vertrauen, dass die Natur Sie hält und ihre Lebensenergie Sie führt, wird Ihr kreatives Feuer Ihr Leben bereichern. Je mutiger Sie sich ausdrücken – durch Ihre Problemlösung, Ihre Ideen, Ihre Lebensart und auch durch künstlerische Kreativität –, desto mutiger werden Sie. Da sich Ihr Leben im Verhältnis zu Ihrem Mut erweitert, werden Sie feststellen, wie daraus eine positive Spirale entsteht. Bedenken Sie, dass Kreativität wächst und wieder vergeht, wie alles in der Natur. Ein solcher Rhythmus erlaubt Ruhe und Erholung, um sich auf die nächste Woge der Kreativität vorzubereiten. Es gibt Zeiten, in denen Sie sich anstrengen, in neuen Bahnen zu denken, wichtige Entscheidungen zu treffen und Änderungen in Ihrem Leben vorzunehmen. Das ist an sich schon ein kreativer Akt, und danach ist es gut, sich und seine Energie zur Ruhe kommen zu lassen. Das wird auch „kleiner Tod“ genannt. Zu wissen, wann es an der Zeit ist, einen Schritt zurückzutreten und loszulassen, ist genauso wichtig wie der kreative Akt selbst. Loszuwerden, was einem nicht mehr nützlich ist (erinnern Sie sich an die Keine-Wahl-Wahl aus dem vorigen Kapitel?) und diese kleinen Tode zuzulassen, schafft Raum für Wiedergeburt und Erneuerung.

Das ist eine Tatsache: Holz brennt am besten, wenn darunter Raum für Sauerstoff ist. Um sich von der Kreativität beflügeln zu lassen, brauchen Sie das auch: Platz, damit Ihr Feuer brennen kann. Lassen Sie sich vom Leben leiten, ziehen Sie sich manchmal in eine Leere zurück – an einen Ort der Unklarheit und Ungewissheit. Gerade dieser Ort hat viel zu bieten, ist Treibstoff für Ihre Kreativität. Es ist mutig, die Person abzulegen, für die Sie sich gehalten haben, und verletzlich zu werden. So können Sie zu dem Menschen werden, der sie wirklich sind.

Jetzt ist es an der Zeit, wieder über die Linien zu malen, zu spielen, zu erschaffen und seine eigenen Farben in die Welt zu bringen. Für jeden von uns sieht das anders aus. Für einige heißt das, den Mut zu haben, weniger zu arbeiten und mehr Mutter zu sein. Für andere heißt das, zu wagen, ein Haus mit Spiegelfassade zu bauen, weil nur das den Funken zu einer Flamme werden lässt. Wieder andere werden mutig genug sein, anderen zu sagen, was sie über eine bestimmte Situation denken.

Mut

Manchmal brechen Veränderungen über unser Leben herein. Eine Scheidung, eine unerwartete Kündigung, eine SMS, die nicht für uns bestimmt war, ein Unfall, der einen leeren Platz lässt, wo ein Vater am Tisch sitzen sollte. Andere Veränderungen vollziehen sich allmählich, wie ein dahinplätschernder Fluss, fast unbemerkt im Hintergrund unseres Lebens. Was, wenn Mut ein leises Flüstern wäre statt wildes Gebrüll? Was, wenn es einfach nur hieße, mutig genug zu sein, um der Wahrheit einer Situation ins Auge zu blicken und Stellung zu beziehen. Zu sagen: „Das tut meiner Lebensenergie nicht mehr gut, und ich weiß es." Sich nicht immer wieder alle möglichen Szenarien und Ergebnisse durch den Kopf gehen zu lassen, sondern einfach nur einen Schritt zu tun. Einen Schritt, der zu einem anderen führt, der langsam aber sicher Veränderung vorantreibt. Was, wenn Sie den Mut hätten, Ihr Leben zu ändern, damit sie glücklicher, auf einem besseren Weg, lebendiger wären? Was wäre wenn?

Leicht kommt Mitleid für die Lage anderer Personen auf. Statt zu tun, was gut für einen selbst ist, hat man Angst, den anderen zu verletzen, weil er sich abgewiesen fühlen könnte oder, noch schlimmer, unberechenbar und rachsüchtig reagieren könnte. Die einfache Wahrheit ist: Was gut ist für Sie, ist gut für den anderen.

Sich mitteilen

Wann haben Sie zum letzten Mal geäußert, was Sie wollen? Was Sie wirklich wollen? Ich meine nicht ein größeres Haus oder ein schnelleres Auto, ich rede von geheimen Träumen, von den Sehnsüchten, die in uns schlummern und unbedingt atmen müssen, um die Flamme wieder anzufachen, die schon seit Langem erloschen ist. Ich rede von dem Ort in Ihnen, der weiß, warum Sie hier sind, und der sich danach sehnt, dies der Welt mitzuteilen. Dieser Ort, der ausdrückt, wer Sie sind. Ihre Essenz.

Dieses Buch ist eine Reise, die Ihnen helfen soll, Ihr Innerstes wiederzufinden, Sie nach Hause zu sich selbst zu bringen. Und nun kommen zwei Fragen, die Ihnen helfen werden, Ihre Suche fortzusetzen. Das sind wirklich große Fragen! Sie lauten: Wer bin ich und warum bin ich hier?

Sie müssen diese Fragen nicht schnell beantworten, obwohl Sie die Antworten vielleicht schon kennen. Wenn Sie sie nicht kennen, können Sie Ihr Leben damit verbringen, darüber nachzudenken und die Antworten in sich wachsen lassen. Das Wichtigste ist nun, einen Weg zu finden, die Antworten auf diese Fragen zu finden.

Abenteuer

Jetzt ist die Zeit gekommen, um alles, was Sie gelernt haben, aufzugreifen und sich auf Abenteuer zu begeben. Ich habe Sie bis hier hin geführt, aber Ihre nächsten Schritte müssen Sie selbst gestalten. Was brauchen Sie am dringendsten? Was lässt Ihr Herz höher schlagen?

Ja, das. Tun Sie das.

Ich verspreche, dass Sie es nicht bereuen werden.

Teil zwei

Widerstände

Ich kann schon nicht mehr zählen, wie oft ich gehört habe: „Ich habe zu viel zu tun, um mir eine Pause zu gönnen." Hinter diesen Worten spüre ich Panik, Angst und Widerstand. Zu tun zu haben, macht uns stolz. Arbeitstage beginnen immer früher am Morgen und enden abends immer später. Die Arbeitswoche fängt heute damit an, dass man am Sonntagabend E-Mails beantwortet, vermeintlich, um so einen Vorsprung zu gewinnen. Mittagspausen sind im Verschwinden begriffen. Wertvolle Zeit, die Eltern mit ihren Kindern verbringen können, wird immer knapper. Erholungszeiten werden für den Jahresurlaub aufgespart, und selbst dann ist das Smartphone immer in Reichweite.

In uns und um uns herum lärmt es. Endlose E-Mails, große Verantwortung, unmögliche Deadlines und überzogene

Forderungen füllen unseren ohnehin überstimulierten Kopf. Wir können fahren, fliegen oder segeln, wohin wir wollen. Wir können uns virtuell mit Menschen überall auf der Welt per Knopfdruck verbinden. Wir erfahren ohne Verzögerung, was in der Welt und darüber hinaus geschieht.

Die Werbung erfüllt uns mit Träumen und der Sehnsucht nach Dingen, von denen wir nicht einmal wussten, dass wir sie brauchen. Die Medien erfüllen uns mit Angst und Schrecken. Wir sind von den sozialen Medien abhängig und vergleichen unser Leben mit dem unserer „Freunde", die in der realen Welt beinahe Fremde für uns sind. Politiker manipulieren uns, ihre Versprechungen dienen nur ihren eigenen Interessen. Sie vertuschen, was sie in Wahrheit tun, und zertreten die, die wagen, sich gegen sie aufzulehnen. Diese Situation wird vom irreparablen Raubbau an unserer Welt noch verstärkt. Stellt man sich vor, dass unsere äußere Welt die innere reflektiert, dann lebt die Mehrheit der Menschen heute nicht mehr in Frieden. In der Geschäftigkeit des Lebens, das voller Lärm, Fernseh- und Radiogeplapper, SMS, YouTube-Videos und Tweets ist, mag man glauben, man sei enger mit anderen verbunden als je zuvor, und nicht weniger. Unser Leben virtuell zu leben, durch die Erfahrungen und Gedanken anderer, ist zur Normalität geworden. Kinder, die heute geboren werden, kennen es nicht anders. Wir sind soziale Wesen, die sich nach Verbindungen sehnen, aber die digitale Welt hat nur oberflächliche Nähe zu bieten. Je weiter wir uns von persönlichen Treffen mit Freunden, Familie, Kollegen und Gemeinschaften entfernen, desto weiter entfernen wir uns auch von unseren Gefühlen, von Körper, Herz und Weisheit.

Die versteckte Botschaft lautet: Je mehr wir tun, desto wertvoller sind wir. Es hat sich in unser Denken eingebrannt, dass Zeitverschwendung eine Sünde ist. Ich bin mir sicher, dass viele von denen, die das hier lesen, energiegeladene, hart arbeitende und gewissenhafte Menschen sind, die sich trotzdem tief in sich drin für faul halten. Das hält uns davon ab, einen Tag zu Hause zu bleiben, wenn wir krank sind – stattdessen schuften wir weiter. Das hält uns davon ab, unser Telefon abzuschalten und unsere Aufmerksamkeit der Person uns gegenüber zu widmen. Das lässt uns Abend für Abend müde, aber ruhelos ins Bett fallen.

In Wahrheit können wir dieses Tempo nicht körperlich unbeschadet durchstehen. Wir schlafwandeln dem Kollaps entgegen. Wir essen Fast Food ohne Nährstoffe, haben keine

Zeit für Sport, aber mehr Druck auf der Arbeit, schlafen schlecht – alles Resultate von Stress aufgrund von Entfremdung. Die WHO sagt voraus, dass arbeitsbedingter Stress, Burn-out und Depressionen im Jahr 2020 die Liste der häufigsten Krankheiten anführen werden.

So zu leben ist anstrengend. Schauen Sie sich um. Man kann die Müdigkeit in den Stimmen der Menschen hören, die Nervosität in Gesichtern und Körpern erkennen, die kaum zu atmen wagen. Wir nennen das Leben, aber diese Art von Existenz ist flach und tot. Es fehlen Lebendigkeit und Schwung.

Manchmal sind wir am produktivsten, **wenn wir abschalten.**

Es lodert kein helles Feuer in uns. Schließlich tut man, was getan werden muss, ohne sich wirklich dazugehörig zu fühlen. Ein Zuschauer in der eigenen Show.

Natürlich geht es in diesem Buch nicht ums Nichtstun. Wir müssen funktionieren, Dinge erledigen und unser Leben in die Hand nehmen. Aber es gibt eine Grenze zwischen zu tun haben und Dinge erledigen und sich dabei lebendig zu fühlen oder sich immer wie „unter Strom" zu fühlen, gestresst und besorgt zu sein, ohne es überhaupt zu bemerken. Für viele von uns ist es erfüllend, die Punkte auf einer Liste abzuhaken und Ergebnisse zu sehen. Dabei glauben wir, dass wir nur so gut sind, wie die Dinge, die wir erreicht haben. Wir messen unseren Wert an der Länge unserer To-do-Liste.

Bedenkt man, dass die meisten Menschen To-do-Listen haben, die unmöglich abgearbeitet werden können, entsteht der perfekte Nährboden für ein schlechtes Selbstwertgefühl. Manchmal verdanken wir unsere Erfolge der Angst. Wir befürchten vielleicht, dass wir Ärger bekommen, wenn wir die Deadline verpassen. Vielleicht erledigen wir unseren Job nur so mustergültig, weil wir innerlich Angst haben, entlassen zu werden und dann die Familie nicht mehr versorgen können. Diese Art von Energie ist ein Adrenalinstoß, der auf der einst nützlichen Flucht-oder-Kampf-Reaktion unseres Körpers beruht. Wir sind aber nicht dazu geschaffen, diesen Zustand über einen langen Zeitraum aufrechtzuerhalten. Eigentlich soll er nur aktiviert werden, wenn wir in Gefahr sind. Heute aber agieren viele von uns wie

Überlebende, die glauben, permanent bedroht zu sein und in ständiger Alarmbereitschaft stehen zu müssen. Erhöhter Puls, verschwitzte Handflächen, verlangsamte Verdauung – wir sind so daran gewöhnt, dass wir kaum merken, dass etwas nicht normal läuft.

Die Kraft der Pause liegt darin, so viel zu tun wie immer, aber innerlich weniger Energie dafür aufwenden zu müssen. Wenn wir uns im Überlebensmodus befinden, läuft unser Verstand auf Hochtouren. Belanglose alltägliche Fragen und Gespräche innerhalb der Familie wie etwa: „Was soll ich heute Abend kochen?", eskalieren, wenn wir uns bedroht fühlen. Sind wir in (einer echten oder nur gefühlten) Gefahr, werden die Stimmen in unserem Kopf viel drängender und sagen Dinge wie: „Ich bin bei der Arbeit nicht gut genug, das wird auffallen, ich brauche einen neuen Job." Dieser innere Druck hat viele Erscheinungsformen, die für uns, wenn sie sich in unserem Kopf festsetzen, echt und glaubwürdig klingen.

Wenn man innehält, kann man nicht nur den psychischen Druck vermindern, man kann die Aufmerksamkeit auch wieder auf die Dinge lenken, **die einem wirklich wichtig sind.**

Warum es so schwierig ist, das Tempo zu drosseln

Warum lassen wir uns so gern vom Strom ständiger Betriebsamkeit mitreißen, obwohl wir tief in uns wissen, dass das nicht gut für uns ist? Stellen Sie sich folgende Situation vor: Sie wachen gut gelaunt auf und die Sonne scheint. Sie machen sich für die Arbeit fertig und singen leise beim Kaffeekochen. Der Arbeitsweg gestaltet sich überraschend unkompliziert und Sie kommen mit reichlich Zeit an. Alles ist gut. Sie gehen ins Büro und spüren sofort die angespannte Stimmung. Ihr Kiefer und Ihr Nacken verspannen sich. Ihr Herz schlägt schneller, doch noch haben Sie keine Ahnung, warum. Es geht etwas vor. Dann sagt Ihnen ein Kollege, dass es Entlassungen geben wird. Niemand ist davor sicher.

So etwas nennt sich Parallelprozess und beschreibt, wie sich eine Stimmung in einer Gruppe ausbreitet. Manchmal gibt es dafür einen Grund oder Auslöser, manchmal kann man keinen ausmachen, das Gefühl ist aber gleich stark. Wenn Sie dieses Beispiel in einem größeren Zusammenhang betrachten, erkennen Sie, wie schnell Gemeinschaften, Länder oder Kontinente in einen Parallelprozess geraten können. Dieser wird durch Religion, Erziehung, Regierungen und Medien begünstigt und erscheint uns so normal, dass er uns nicht einmal mehr auffällt. Er schafft eine unterschwellige Angst, und ein ängstlicher Mensch erhöht dadurch oft sein Tempo. Man kann es an seiner Stimme hören: Er spricht schneller, die Atmung wird flacher und hektischer. Er gerät in ein Hamsterrad, dreht es schneller und schneller und kommt kaum wieder heraus. Wenn er wagt, das Tempo zu drosseln, riskiert er, sich noch unwohler zu fühlen. Die meisten von uns wollen die Gefühle, mit denen wir Tag für Tag leben, nicht haben und ziehen es vor, sie zu verbergen und zu kontrollieren. Die Angst davor, was passiert, wenn sie an die Oberfläche kommen, ist enorm. Das Risiko, damit Pandoras Büchse zu öffnen, ist zu groß. Was, wenn Gefühle aufkommen und sich nicht aufhalten lassen? Nein, es ist viel leichter, weiterzumachen, durchzuhalten und zu hoffen, dass alles gutgehen wird.

Was, wenn das Leben einfach so ist? Es ist halt schwierig und schnell – und wir müssen es bewältigen. Für viele Menschen ist das die Wahrheit. Für die meisten ist die Vorstellung, Stille in der Geschäftigkeit finden zu können, zu weit weg. Aber einige – vielleicht auch Sie, und deshalb lesen Sie dieses Buch – verstehen, dass ein Ungleichgewicht entsteht, wenn das, was einem nur wichtig erscheint, das wirklich Wichtige überrollt. Wir erkennen, dass im Chaos untergeht, was wir wirklich schätzen. Wir erkennen diesen Zustand, wissen aber nicht, wie wir damit leben sollen. Wir wollen einen anderen Weg, auf dem wir wach sein und uns ganz auf die Realität des Lebens einlassen können, und zwar so, wie es uns richtig erscheint. Statt unsere Erfahrungen nur als „gut" und „schlecht" zu beurteilen, entwickeln wir vielleicht Neugier auf die Ereignisse in unserem Leben. Dann wird das Leben zu unserem Lehrer und wir unsere eigenen und verlässlichsten Führer.

> Das Beste, was man tun kann, wenn es regnet, ist, **es regnen zu lassen.**
>
> **– Henry Wadsworth Longfellow**

Die Unsicherheit annehmen

Menschliche Wünsche drücken sich auf unzählige Arten aus, sieht man aber genau hin, ähneln sich die Wünsche oft: Verbindung, Nähe, Liebe und Glück. Doch die Wendungen des Lebens können den Wünschen entgegenstehen. Der unerwartete Verlust eines Menschen, Versetzung, Scheidung, Kinder, Kündigung vom Vermieter, Krankheit bewirken, dass der Weg zu unseren Sehnsüchten selten gerade ist. Und obwohl wir das wissen, kämpfen wir doch dagegen an und glauben, der Weg sollte leichter sein, er sollte nicht sein, wie er ist. Wenn uns die Ereignisse anscheinend von unseren Sehnsüchten wegführen, fühlen wir uns schnell, als hätten wir versagt, seien rückwärtsgegangen, steckten fest oder seien dem Untergang geweiht! Unsere Wünsche rücken in unerreichbare Ferne, vor allem wenn man einem sorgfältig ausgearbeiteten Plan zum direkten Glück gefolgt ist. Folgen wir dem Pfad und machen wir sorgfältig einen Schritt nach dem anderen, und versuchen wir, Hindernisse mit eiserner, grimmiger Entschlossenheit aus dem Weg zu räumen, leuchtet das Glück manchmal kurz auf, wenn wir ein kleines Hindernis überwunden haben. Doch das innere Glück verflüchtigt sich, sobald der Blick sich wieder auf die Außenwelt richtet.

Mit der Zeit wird daraus ein Handel. Wenn ich jetzt leide, werde ich später glücklich sein. Wenn ich jetzt genug tue, kann ich „sparen" und bin eines Tages glücklich. Das Problem ist, dass „eines Tages" nie kommt. Es ist eine Falle, bei der das Glück auf quälende Weise immer außer Reichweite bleibt.

„Dein ganzes Leben steckst du in dem **Labyrinth** fest und denkst daran, wie du ihm entfliehst und wie geil dann alles wird, und die Vorstellung von dieser Zukunft hält dich am Laufen, aber am Ende tust du es nie. Du hast die Zukunft einfach nur benutzt, um aus der Gegenwart zu fliehen."

– John Green,
Eine wie Alaska

Kein Grund zur Klage

Jeder weiß, dass er viele Gründe hat, dankbar zu sein. Das können ein guter Job, ein liebevoller Partner, wunderbare Kinder, Freunde und Familie sein. Eigentlich gibt es keinen Grund zur Klage, deshalb versteckt man seine Unzufriedenheit. Doch in dem Maße, in dem man Unzufriedenheit, Nervosität oder Unglück ignoriert, unterdrückt man auch Freude und Begeisterung. Wir verfügen über ein ganzes Spektrum von Gefühlen, von denen wir einige als positiv, andere als negativ wahrnehmen. Wenn wir Kummer, Trauer oder Ärger verdrängen, dämpfen wir auch unsere freudigen Gefühle. In dem Zustand erscheint es uns, als gingen wir betäubt durchs Leben. Wir tun, was getan werden muss, und hoffen darauf, dass es irgendwann schöner wird.

Glück ist, wie alle Gefühle, eine Erfahrung von einem Moment zum andern, nicht etwas, worauf man wartet. So wenig man das gegenwärtige gegen zukünftiges Glück tauschen kann, so wenig lässt sich Glück festhalten. Wie alle Emotionen muss Glück fließen. Es bewegt sich durch Sie hindurch. Es kommt und geht. Es ist kein dauerhafter Zustand.

Um wirklich glücklich zu sein, muss man das ganze Spektrum seiner Emotionen fühlen können. Das macht das Innehalten so schwierig. Der Pause-Prozess lässt Gefühle wie Schmerz, Kummer, Einsamkeit, die ohnehin immer da sind, hochkommen. Es kann sein, dass Sie sich in diesem Innehalten schlechter fühlen. Doch ich ermutige Sie, in dieser Pause alle Gefühle willkommen zu heißen, sie intensiv zu spüren und durch sich strömen zu lassen. Wir legen im Leben ein solches Tempo vor, dass wir kaum zu Atem kommen, geschweige denn Zeuge unserer Lebensreise werden.

Das Gefühl der Einsamkeit nicht zuzulassen
heißt, Verbindungen zu unterbrechen.

Den Schmerz abzuschalten heißt,
die Liebe zu leugnen.

Die Wut einzusperren heißt,
auf Ekstase zu verzichten.

Die Frage ist: Wollen Sie lieber weiterschlafen oder sich dem Schmerz stellen?

Aus Raum entsteht Flow.

Aus Verbindung entsteht Vertrauen.

Aus Zulassen entsteht Freiheit.

Legen Sie eine Pause ein, bevor es das Leben für sie tut

Stellen Sie sich vor, Sie bereiten sich auf den Urlaub vor. Sie freuen sich, weil Sie sehr viel gearbeitet haben und eine Auszeit gebrauchen können. Die letzte Woche im Büro ist stressig, denn Sie bereiten alles für Ihre Abwesenheit vor. Das Wochenende ist hektisch, Sie kaufen Sonnenmilch, bitten die Nachbarn, die Katze zu füttern, suchen den Reiseadapter und aktualisieren den E-Reader. Im Flugzeug lassen Sie sich völlig erschöpft in Ihren Sitz fallen und schlafen sofort ein. Beim Aufwachen spüren Sie ein Kratzen im Hals und schieben das auf die Klimaanlage im Flugzeug. Auf dem Weg zum Hotel schmerzen die Gelenke, aber Sie nehmen an, Sie haben beim Schlafen ungünstig gelegen. Bei der Ankunft haben Sie Kopfschmerzen und Fieber, aber Sie denken, Sie haben nicht genug getrunken. Als Sie in Ihr Zimmer kommen, wird Ihnen klar, dass Sie wirklich krank sind. Sie fallen angezogen aufs Bett und verbringen eine ruhelose Nacht. Den Urlaub, der ein vergnügliches Abenteuer werden sollte, verbringen Sie damit, so weit wieder auf die Beine zu kommen, dass Sie die nächste Zeit im Büro verkraften werden. Und immer so weiter.

Diese Geschichte ist nicht ungewöhnlich, und sie zeigt, wie es vielen von uns täglich ergeht, wenn wir die Grenzen unseres Körpers nicht beachten. Und dabei übergehen wir unsere innere Weisheit. Oft versucht unser Körper, mit uns mittels Symptomen in Kontakt zu treten, aber wir ignorieren alle natürlichen Instinkte und hören stattdessen lieber auf die Stimme in unserem Kopf, die uns sagt: „Mach einfach weiter."

Tun wir das, setzen wir unseren Körper enormen Strapazen aus. Unser Körper ist darauf ausgelegt, zu überleben – und wir sind unglaublich widerstandsfähig und verkraften hohe Stresslevel, wenig Nahrung und Schlafmangel über lange Zeiträume. Doch, wie die Geschichte oben zeigt, wenn wir nach einer langen Zeit extremen Drucks und Stresses anhalten, brechen die Abwehrkräfte zusammen. Mit einem geschwächten Immunsystem kann der Körper nicht mehr kämpfen und wir werden krank. Ich nenne die Zeiten, in denen das Leben kollabiert, erzwungene Pausen. Sie folgen auf viele Stresssituationen – Trauerfall, Kündigung, Ende einer Beziehung –, aber sie alle erinnern uns daran, dass wir eine Pause einlegen müssen, sonst tut es das Leben für uns.

Ich lernte das Innehalten auf die harte Tour.
Es war ein uneleganter Absturz, der mich als Häufchen Elend zurückließ. Im Herbst 2011 zog ich mich für drei Monate aus der Welt zurück.

Es war ein harter Schlag.
Ich war eine Senkrechtstarterin, die zwei Unternehmen in Singapur leitete – ich dachte, ich hätte das beste Leben.

Ich bereue nichts davon. Auf einer Schaffarm in Cornwall, allein und ohne Kontakt zur übrigen Welt, realisierte ich, wie krank ich wirklich war. Dann begann ich langsam mit dem Wiederaufbau meines zerschlagenen Körpers und blies meiner Seele wieder den Atem des Lebens ein. Im Rückblick gab es Warnsignale, Zeichen, die schon ein paar Jahre da waren.

Tatsächlich ignorierte ich diese Zeichen so lange, dass das Leben sie mir unübersehbar in Leuchtfarben präsentieren musste.
Mein Körper zum Beispiel hatte mich schon lange angeschrien, doch ich nahm einfach an, Gelenkschmerzen (und jede Menge anderer Symptome) seien Zeichen des Alterns. Ich war schließlich im vierten Lebensjahrzehnt. War das dann nicht normal?

Nein, ich täuschte mich.
Ich musste in meiner Fantasiewelt leben, um weiter die Sucht nach meiner Arbeit und meinem Lebensstil zu befriedigen, um weiter grausam an meiner Selbstachtung zu zerren und an negativen Gedanken festzuhalten, die ich über mich selbst hatte.

Erzwungene Pausen ereilen uns oft, wenn wir zu viel zu tun haben, zu unaufmerksam und zu ausgebrannt sind, um die Zeichen in uns zu erkennen. Das Leben kommuniziert ständig mit uns, warnt uns, wenn wir aus der Spur geraten, unterstützt und führt uns, wenn wir auf Kurs sind. Je mehr wir uns öffnen und die Zeichen lesen können, desto mehr stehen wir mit unserem Leben in Einklang. Trotzdem gibt es einschneidende Erlebnisse – schließlich gehören Anfang und Ende zum natürlichen Lauf des Lebens –, aber die Zeichen erlauben uns, mit einer besseren Einstellung mit diesen Dingen umzugehen. Zunächst sind die Zeichen subtil – vielleicht ein komisches Gefühl oder etwas, was nicht so läuft wie gewünscht. Oder wir bemerken diese subtilen Zeichen erst gar nicht. Vielleicht wollen wir die Botschaft nicht hören und ziehen es vor, in unserer Fantasiewelt aus einem zarten Gewebe von Märchen zu leben. Stellen Sie sich vor, Sie schenken jemandem Ihr Herz, doch die Zeichen sagen, dass diese Person nicht interessiert ist. Natürlich wäre es für Ihr Herz weniger schmerzhaft, die Zeichen zu ignorieren, aber sobald das geschieht, leben Sie in einer Fantasie. Die Zeichen lassen sich besser lesen, wenn man die Fantasie loslässt und auf dem Boden der Realität bleibt.

Dann gibt es Zeiten, in denen es in einem Lebensbereich angenehm gut läuft und ein anderer zusammenbricht. Es ist selten, dass im Leben alles perfekt ist und es weder Leid noch Wünsche gibt. Nichts steht fest. Selbst der größte Berg bewegt sich ständig, verschiebt und verändert sich. So ist es in der Natur. Das Wesen des Lebens ist, sich zu verändern. Flüsse fließen. Auf den

Tag folgt die Nacht. Jahreszeiten wechseln sich ab. Der Zyklus von Geburt, Tod und Wiedergeburt geht immer weiter. Es ist unrealistisch zu erwarten, dass das Leben stillsteht. Wir sind alle an die kleinen Wendungen und Rätsel des Lebens gewöhnt. Wir nehmen den Jahreszeitenwechsel hin, Veränderungen in Beziehungen, das Auf und Ab in unserem Arbeitsleben.

Dann wieder scheint es, als ritten wir auf einer Welle von Unsicherheit, Dumpfheit und Nervosität, die uns wie ein schmerzhafter Schlag in den Magen trifft. In solch einem Fall werden aus den unterschwelligen Zeichen Ereignisse, manchmal erst ganz unbedeutend – eine Handtasche geht verloren, der Laptop geht kaputt oder man verpasst ein Flugzeug –, später bedeutender. Aus heiterem Himmel findet man sich in einer Lage wieder, die große Veränderungen ankündigt. Statt nur auf den dahinplätschernden Fluss zu schauen, steht man auf einer hohen Klippe und starrt auf das Meer hinab. Die Klippe ist so groß, so hoch, so beängstigend, und manchmal auch atemberaubend aufregend. Fast jeder kennt den Moment, in dem sein Leben auf den Kopf gestellt wird. Man geht zu Arbeit, als sei dies ein Tag wie jeder andere, und findet dann heraus, dass man gekündigt wurde, kein Geld mehr hat, um Hypothek oder Rechnungen zu bezahlen. Die Angst schlägt zu.

Oder ein geliebter Mensch stirbt. Sie glaubten, Sie hätten noch alle Zeit der Welt. Aber der Tod kann jederzeit kommen, sinnlos und unfair. Er nimmt ein Elternteil, den Geliebten, den Freund oder das Kind – und hinterlässt Sie erschüttert und verloren, weinend oder erstarrt oder verärgert, weil Sie die Wahrheit nicht ertragen können. *Wie kannst du es wagen, einfach zu sterben? Wie kannst du mich so zurücklassen? Wie kannst du so grausam sein?* Und dabei wissen Sie kaum, ob Sie mit Gott, dem Leben, dem Schicksal (woran auch immer Sie glauben oder auch nicht) oder mit dem Verstorbenen sprechen.

Oder Sie gehen zum Arzt und erwarten den Rat, die Finger vom Fast Food zu lassen oder mehr Sport zu treiben oder vielleicht Antibiotika zu nehmen. Oder dass Ihr Kind eine ganz normale Krankheit hat. Doch dann sitzen Sie dort und hören Worte aus Ihrem schlimmsten Albtraum: Krebs, Tumor, Herzerkrankung, Operation, inoperabel, Krankenhaus ... Sie hören gar nicht mehr zu, weil Ihr Herz rast und Ihr Verstand sich abschaltet.

Oder Sie nehmen das summende Handy und lesen eine SMS, die eindeutig nicht für Sie bestimmt war. Oder Sie sitzen da, müde von noch einer Diskussion, noch einem Streit. Oder Sie wurden geschlagen und das Versprechen „Nie wieder" wurde erneut gebrochen. Sie wissen, es ist vorbei. Selbst ohne großes Drama, ohne Kampf kann das Ende einer Beziehung sich anfühlen, als spalte sich die Seele. Wo vorher zwei waren, ist jetzt nur noch einer. Auch wenn man erleichtert ist, sorgt man sich – wie zurechtkommen, wie in Würde weitermachen, wie alleine leben, wie die Kinder schützen, wie das eigene Herz retten?

Manchmal sind erzwungene Pausen schmerzhaft und zerreißen fast im wahrsten Sinn Herz und Seele. Sie können auch stille

Resignation sein, ein Augenblick, in dem Sie zu der Einsicht gelangen, dass das Leben für Sie so einfach nicht funktioniert. Sie spüren, dass es da noch etwas anders gibt, etwas Größeres (oder auch Kleineres, Einfacheres), etwas, dass Ihre Seele aufblühen, Ihr Herz aufgehen und Ihre Füße tanzen lässt. Dass man sich so etwas wünscht, heißt nicht, dass man nicht auch Angst davor hat.

Warum geschieht das? Es ist wirklich wichtig, daran zu denken, dass die erzwungene Pause nichts Schlechtes ist. Sie heißt nicht, dass Sie etwas Falsches getan haben oder Schuld tragen. Sie ist für uns ein Weg zu lernen, was wir zu einer bestimmten Zeit verstehen müssen, selbst wenn das hart und schmerzhaft ist. Man lernt natürlich nicht nur in erzwungenen Pausen, aber wenn wir die leiseren Signale übersehen haben, muss die Botschaft deutlicher werden, damit wir sie registrieren.

> Es ist die Zeit der „Pause", der universelle Halteplatz. Der universelle Moment der Rückschau.
>
> – **Alice Walker**

Teil drei

Der Prozess der Pause

Was läuft im Moment gut?

Wenn man innehält, um über das Leben nachzudenken, neigt man dazu, nur die Schattenseiten des Lebens zu betrachten. Tatsächlich ist aber nicht alles schlecht, auch wenn das schwer zu glauben ist. Inmitten von Turbulenzen, Ängsten und Beklommenheit stellen Sie vielleicht fest, dass Ihr Körper angespannt ist und Sie nur schwer atmen können. Diese Enge lässt Sie mehr Angst haben. Gerade jetzt ist es wichtig, ans Atmen zu denken – alles wird gut.

Atmen …

Bevor Sie sich auf eine Veränderung einlassen, sind ein paar Fragen zu beantworten. Um uns auf die Zukunft auszurichten, müssen wir zunächst ein bisschen Zeit darauf verwenden, das Hier und Jetzt anzusehen. Was passiert im Moment in Ihrem Leben? Viele von uns leben ihr Leben in der Vergangenheit oder in der Zukunft. Sie auch?

Wie viele Menschen kennen Sie, die ihr Leben damit verbringen, sich einen Idealzustand auszumalen? Wie ist das bei Ihnen?

„Alles wird wunderbar, wenn ich abnehme …“

„Könnte ich nur auf dem Land/in der Stadt/in einem größeren/besseren Haus leben, wäre mein Leben toll …“

„Ich brauche nur meinen Seelenverwandten zu treffen, dann ist mein Leben perfekt …“

„Würde ich im Lotto gewinnen …“

Oder wir schimpfen über unser Pech oder grausames Schicksal. Wir beklagen, was schiefgelaufen ist, wir sprechen über falsche Entscheidungen, Fehler, unsere unglückliche Geschichte.

„Warum habe ich meinen Job verloren?"

„Warum wähle ich immer den falschen Partner?"

„Warum wurde sie genommen und nicht ich?"

Manchmal sind die Fragen fast unerträglich ...

„Warum kann ich kein Kind bekommen?"

„Warum musste die Person, die ich so geliebt habe, sterben?"

„Warum musste dieser Unfall passieren?"

Wo ist bei all dem die Gegenwart? Vergessen. Und dennoch liegt der Schlüssel zu großen Chancen in dem, was wir jetzt zur Verfügung haben. Wenn man vor einer Veränderung steht, werden die Dinge, die im Leben in Ordnung sind, allzu leicht vergessen. Es gibt immer Bereiche im Leben, die nicht funktionieren, aber fast jeder hat auch etwas, was gut für ihn läuft, etwas, was bei all diesen Veränderungen ein Anker sein kann.

Die Pausentaste drücken

Ich führe Sie jetzt durch eine Mind-Mapping-Übung. Eine Mind-Map ist eine einfache Art, Ihre Gedanken in einer übersichtlichen Grafik darzustellen. Beginnen Sie mit sich selbst in einem Kreis in der Mitte, dann fügen Sie verschiedene Bereiche Ihres Lebens hinzu. Das könnte zum Beispiel folgendermaßen aussehen:

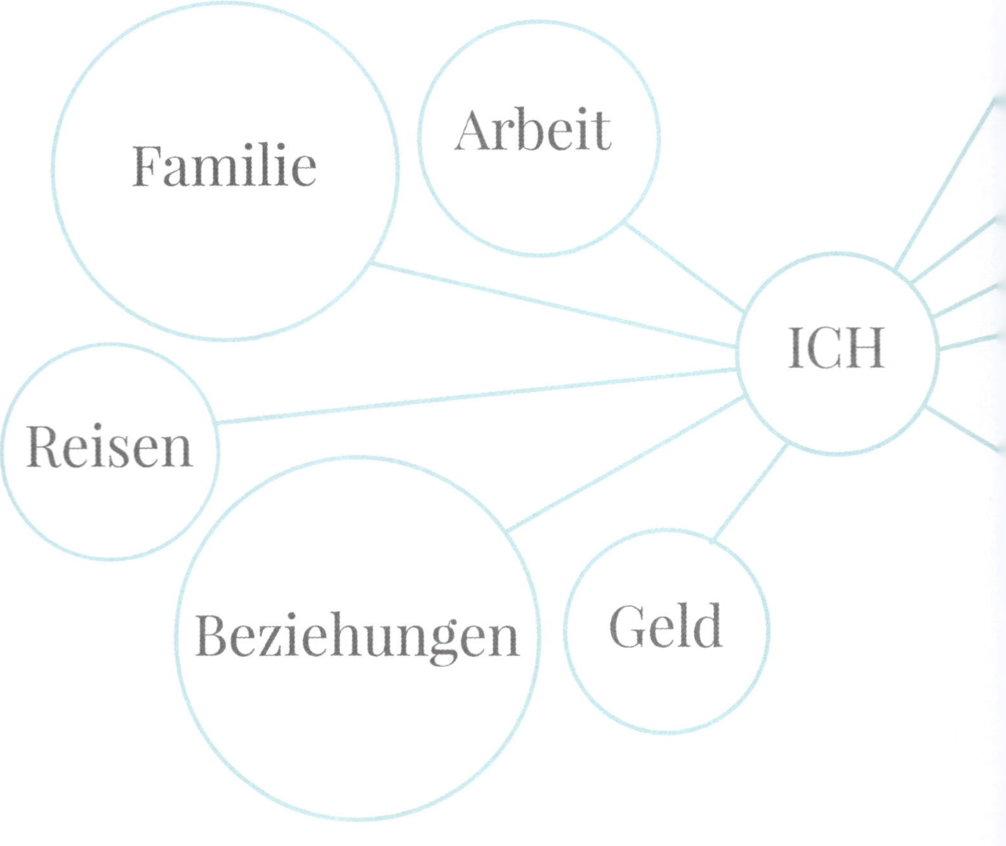

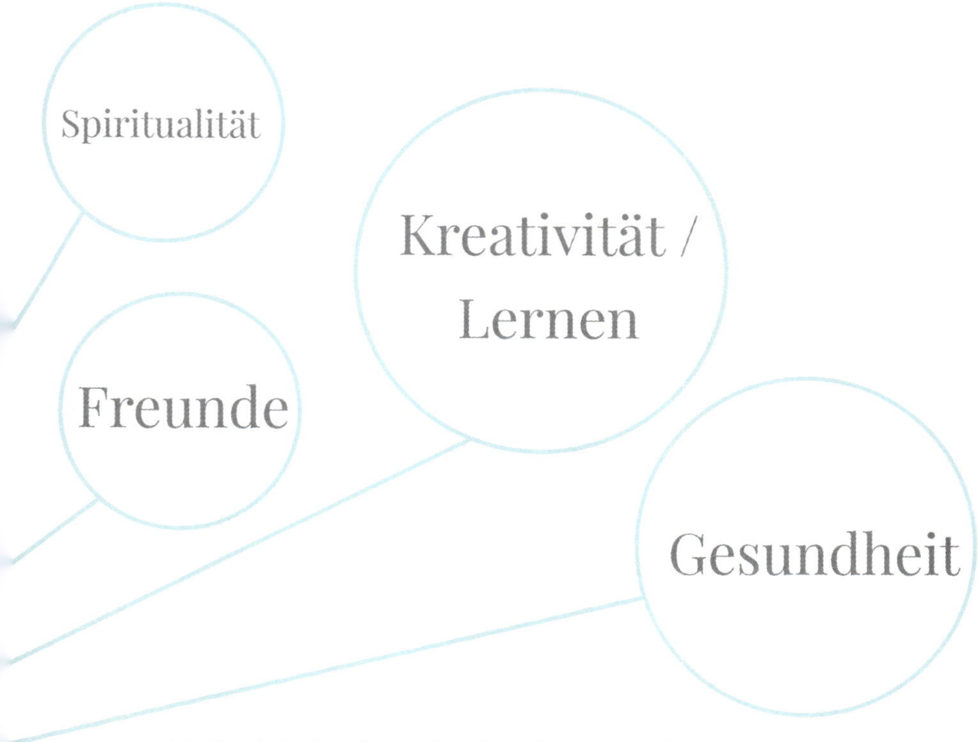

Vielleicht haben Sie noch andere Kategorien. Nun notieren Sie, was in jedem Bereich für Sie gut ist. Einige können überquellen, andere bleiben verdächtig leer. Das ist richtig so. Es erlaubt Ihnen zu sehen, dass sich vielleicht nicht alles in Ihrem Leben ändern muss – nur Teile davon. Und Sie behalten im Auge, was bleiben soll, wie es ist. Die meisten Menschen neigen dazu, alles in einen Topf zu werfen, und dadurch riskieren sie, die guten Aspekte nicht wahrzunehmen und zu verlieren.

Sehen Sie noch einmal die Mind-Map an. Welche Teile Ihres Lebens funktionieren? Welche Menschen unterstützen Sie? Welche Dinge sind es wert, aufrechterhalten zu werden?

Vergessen Sie nicht zu atmen …

Nun atmen Sie tief ein. Und noch einmal. Und noch einmal. Ich möchte Sie dazu einladen, eine Pause zu machen und zu atmen, wann immer Sie sich überfordert fühlen. Es gibt eine ganze Philosophie und Praxis des Atmens. Bereits vor Jahrtausenden entdeckten alte Kulturen, dass man sich auf den Atem konzentrieren muss, um die Gefühle zu beeinflussen. Die Yogis erkannten, dass sie enorme Veränderungen in ihrem Körper und in ihren Gedanken hervorbringen konnten, indem sie auf unterschiedliche Weise atmeten.

Sie brauchen dafür keine ausgeklügelten Techniken. Sie müssen nur wissen, dass Sie, wenn Sie aufgeregt, besorgt oder verwirrt sind, mit einem Einatmen wieder zu sich selbst finden können. In einem Wimpernschlag. Einem Atemzug. Stellen, setzen oder legen Sie sich hin, spüren Sie die sichere Erde unter sich. Wenn Sie sitzen oder stehen, stellen Sie die Füße fest auf den Boden. Ihre Wurzeln. Richten Sie die Wirbelsäule auf. Stellen Sie sich vor, eine kleine Schnur an Ihrem Kopf zieht Sie sanft nach oben. Sie stehen zwischen Himmel und Erde. Spüren Sie, wie kühle Luft in Ihre Nasenlöcher strömt. Zwingen Sie Ihren Atem nicht, lassen Sie ihm seinen natürlichen, entspannten Rhythmus. Beobachten Sie beim Ausatmen, wie der Körper die Luft erwärmt hat. Sie haben das Element Luft verändert, ganz allein.

Ihr Atem ist Ihr Zuhause. Er verbindet Sie mit der Welt um Sie herum.

Atmen Sie.

Alles wird gut.

Was wünschen Sie sich?

Bei dieser Frage denken Sie vielleicht, dass Ihre Möglichkeiten beschränkt sind, oder Sie sind versucht, gleich aktiv zu werden und zu planen und zu tun. An diesem Scheideweg beginnt für Sie das nächste Kapitel. Es erscheint widersprüchlich, insbesondere in Panikmomenten, aber jetzt ist der Zeitpunkt zur Besinnung gekommen. Nehmen Sie sich einen Augenblick für sich selbst. Suchen Sie sich einen ruhigen Ort. Denken Sie daran zu atmen und geben Sie sich Zeit, über die Antwort auf diese Frage nachzudenken: Was wünschen Sie sich wirklich?

„Wenn Sie davon träumen, was in Ihrem Leben möglich ist, sollten Sie wissen, dass alles möglich ist. Vielleicht fühlen oder sehen Sie das nicht immer, aber Ihnen fehlt nie, auch nicht einen Moment lang, die Fähigkeit, den Kurs zu ändern.

Ihr Leben ist Gegenstand unendlicher Neubetrachtung."

– Karmapa

Unser wahrstes Leben ist dann,
wenn wir in Träumen wachen.

– Henry David Thoreau

Träumen …

Dies ist eine gute Zeit, um zu träumen, nachzudenken und innezuhalten und sich an die allertiefsten Sehnsüchte zu erinnern.

Lassen Sie sich nicht dazu verleiten, diesen Teil des Prozesses zu schnell zu durchlaufen. Sie sind wie eine Raupe, die sich verpuppt – Sie müssen sich Zeit für Wachstum, Veränderung und Verwandlung geben. Diese Stufe muss sich organisch entfalten, in ihrem eigenen Tempo. Jetzt ist der Moment, um Ihre Ängste ruhen zu lassen, damit Ihre Kreativität fließen kann. Nun können sich neue Einsichten einstellen, mitunter zu seltsamen, unerwarteten Gelegenheiten. Vielleicht träumen Sie lebhaft oder haben ein „Aha!"-Erlebnis unter der Dusche, stellen fest, dass Sie beim Einkaufen im Supermarkt breit lächeln, weil Sie plötzlich etwas verstehen, während Sie Ihren Einkaufswagen umherschieben. Dem Kopf eine Pause zu gönnen, ist ein unverzichtbarer Bestandteil dieses Prozesses, strengen Sie sich also nicht zu sehr an und zwingen Sie sich nicht, Antworten zu finden. Lassen Sie sich atmen und halten Sie sich vor Augen, was Sie wirklich wollen.

Ihre tiefsten Sehnsüchte ...

Möglicherweise stellen Sie fest, dass Sie schlichtweg vergessen haben, was Sie sich wünschen. Sie haben vielleicht die Verbindung zu der Person verloren, die Sie sind, und zu dem, was Sie wirklich brauchen. Das ist nicht ungewöhnlich und dafür gibt es viele Gründe. Vielleicht haben Sie sich in Ihrer Arbeit verloren, in Ihrer Beziehung, Ihrer Rolle als Elternteil oder in der Pflege Angehöriger. Das geschieht ganz im Verborgenen. Wie eine unsichtbare Decke verschleiert es das Bewusstsein, bis man den Weg zu sich nach Hause nicht mehr findet. Meine Klienten wagen oft nicht zuzugeben, was sie möchten und brauchen. Stattdessen richten sie all ihre Energie darauf, für die Zufriedenheit anderer Menschen zu arbeiten. Es ist, als würden wir uns davon überzeugen, dass es egoistisch ist, unsere Bedürfnisse an die erste Stelle zu rücken. Jetzt möchte ich Sie aber ermutigen, zur Abwechslung mal in sich selbst hineinzuhorchen und Ihren innigsten Wünschen zu erlauben, sich zu zeigen.

Erlauben Sie Ihren Wünschen, sich zu zeigen

Die meisten von uns haben Wünsche, von denen der Verstand sagt, sie seien „verrückt", „werden nie klappen", „sind für mich unerreichbar" oder „ein Ausbund der Fantasie", Wünsche und Sehnsüchte, die tief in uns brennen und nie ganz verschwinden, obwohl wir unser Bestes tun, um sie zu verdrängen.

Nachdem wir unsere Wünsche und Sehnsüchte immer wieder weggestoßen haben, braucht es Zeit und Ermutigung, dass sie sich wieder zeigen. Es braucht Zeit und Raum, um sich mit diesen Aspekten des Selbst wieder zu verbinden. Neben den Ideen und Vorstellungen, die der Verstand hervorbringt, kann auch der Körper neue Einsichten an die Oberfläche lassen, zum Beispiel im Bauch oder Herzen. Man kann diesen Teilen des Selbst mithilfe eines kreativen Mediums wie Zeichnen oder Schreiben gut näherkommen.

Die Pausentaste drücken

Ich werde Sie durch eine kreative Übung führen, die frei fließendes Schreiben heißt. Zuerst sollten Sie einen ruhigen, angenehmen Ort für sich finden, den Sie für sich zu etwas Besonderem machen. Zünden Sie eine Kerze an, stellen Sie eine Blume aus dem Garten auf, kochen Sie Tee, stecken Sie ein Räucherstäbchen an oder öffnen Sie ein Fenster und spüren den Luftzug. Tun Sie, was für Sie richtig ist, damit Sie sich wohl und entspannt fühlen. Wenn Sie bereit sind, möchte ich, dass Sie Folgendes tun:

Schreiben Sie in Ihr Tagebuch oben auf eine leere Seite:
„Ich wünsche mir …“

Nun füllen Sie, ohne nachzudenken, mindestens zwei Seiten mit den Worten, die einfach aus Ihnen herauskommen.

Denken Sie daran zu atmen, während Sie schreiben.

Kümmern Sie sich nicht um den Sinn oder Zusammenhang. Es gibt keine Regeln, lassen Sie die Worte fließen.

Bleiben Sie stecken, gehen Sie ruhig zum Anfang, zu „Ich wünsche mir …“ zurück und lassen Sie mehr Worte herausströmen.

Dieses Schriftstück hat kein Ziel. Hören Sie einfach nur auf das, was Ihr Herz Ihnen sagt.

Wenn Sie fertig sind, legen Sie Ihr Tagebuch beiseite und bleiben einen Augenblick sitzen. Spüren Sie, wie der Atem in Ihrem Körper fließt. Falls Gefühle aufkommen, atmen Sie und lassen Sie sie einfach da sein.

Alles ist gut.

Was lässt Sie aufblühen?

Wenn wir unter Druck stehen oder uns Sorgen machen, in welche Richtung unser Leben geht, versuchen wir alles, um die Kontrolle zu behalten. Wir schauen nach draußen und nehmen nur die Aspekte des Alltags ins Blickfeld, die wir bewältigen können. Wir gehen in Handlung, in egal welche, und wenn wir nur wie besessen das Haus putzen oder auf dem Taschenrechner herumtippen und immer und immer wieder unsere Finanzen durchrechnen. Natürlich bekommen wir keine Antworten, wenn wir äußere Aspekte unserer Welt kontrollieren, denn der innere Aufruhr bleibt. Zwanghaftes Nachdenken, Kontrollieren und Planen kann uns sogar noch weiter von unserem wahren Ich entfernen. Wir lassen nicht zu, dass wesentliche Informationen darüber, wer wir wirklich sind, ans Licht kommen. So können wir sie bei unseren Entscheidungen auch nicht berücksichtigen.

> Ich stehe auf, um die Morgendämmerung zu kosten, und stelle fest, dass heute nur Liebe allein strahlen wird.
>
> **– Ken Wilbur**

Wie werden Sie zu Ihrem bewussten Ich?

Jeder Mensch hat eine persönliche Landkarte. Wie Sie die Welt sehen, wie Sie mit ihr interagieren, sich mit anderen auseinandersetzen, an Ihrem Leben teilhaben, liegt zum Teil in Ihren Werten, Überzeugungen, Annahmen und Qualitäten begründet. Wenn Sie Ihre „Karte“ verstehen, wissen Sie, wann es Ihnen gutgeht.

Ihre persönlichen Werte sind ein unsichtbarer und tief liegender Teil Ihrer Karte und bilden einen wichtigen Teil dessen, was Sie ausmacht. Werte bleiben oft unausgesprochen, zeigen sich anderen aber in Ihrem Verhalten. Wahrscheinlich nehmen Sie an, dass andere die Werte, die Sie schätzen, im Kern teilen. Da aber jeder Mensch seine eigene Karte hat, ist das nicht immer der Fall. Werden Ihre Werte bedroht, spüren Sie vermutlich Ärger, Wut oder ein Gefühl von Ungerechtigkeit.

Sehen Sie sich die Abbildung mit persönlichen Werten an. Welche sind Ihnen wirklich wichtig? Welche fehlen?

Liebe
Ehre
Verbindung
Zugehörigkeit
Aufrichtigkeit
Wachstum
Gerechtigkeit
Respekt
Leistung
Freiheit
Loyalität
Zuverlässigkeit
Teamfähigkeit
Fairness

Es geht nicht nur um Ihre Werte. In was für einer Umgebung blühen Sie auf? Wann sind Sie in Bestform? Denken Sie an Zeiten, in denen Sie sich sowohl bei der Arbeit als auch zu Hause „heimisch“ gefühlt haben. Das ist für jeden anders. Manche müssen sich jederzeit sicher und geborgen fühlen, andere brauchen Herausforderungen und Gefahren. Manche von uns leben und arbeiten gern allein, andere brauchen eine kleine, eng zusammengehörende Gemeinschaft, wieder andere blühen im großen Trubel von Organisationen und Städten auf.

Leuchten Sie.

Was lernen Sie aus Ihrer Geschichte?

Das Leben steckt voller Überraschungen, und Veränderung ist ein wesentlicher Teil des Alltags. Jeder wird Ihnen sagen, dass sein Leben bisher eine Mischung aus guten und schlechten Ereignissen war. Das Leben ist keine gerade Linie, keine ruhige, eintönige Reise. Es steckt voller Höhen und Tiefen, Veränderung und Unsicherheit gehören dazu. Wenn sich etwas verändert, lässt die Verunsicherung, die damit einhergeht, diese Ereignisse oft wie Tiefpunkte aussehen. Ist der Punkt aber überwunden, kann man auf größere Klarheit zurückblicken und erkennen, dass Veränderungen auch große und unerwartete Geschenke mit sich bringen.

Es kann helfen, sich das Leben als eine Kurzgeschichten-sammlung vorzustellen und nicht als eine einzige lange Szene. Das Ende der Geschichte muss nicht bekannt sein, wie verlockend es auch sein mag, die letzten Seiten sofort zu lesen. Stattdessen kann es nützlich sein, die Kapitel anzusehen, die bereits geschrieben sind, mit anderen Worten, zu betrachten, wohin einen das Leben bereits geführt hat, um Hinweise darauf zu entdecken, was die Zukunft bereithalten könnte.

Die Kunst besteht darin zu entdecken, was sich aus der Geschichte bisher ablesen lässt, statt sich jedes einzelnen Details des Lebens zu entsinnen.

Die Pausentaste drücken

Damit Sie erfahren, was Ihre Geschichten Sie lehren können, leite ich Sie durch eine einfache Zeitstrahlübung. Wählen Sie zuerst einen Zeitraum aus Ihrem Leben – das könnte das letzte Jahr sein, fünf oder zehn Jahre oder eine kürzere Zeitspanne, wenn Ihnen das lieber ist. Dann tun Sie Folgendes:

- Nehmen Sie ein Blatt Papier und listen Sie die Monate des Zeitraums auf, den sie gewählt haben.
- Schreiben Sie die wichtigsten Ereignisse jedes Monats auf. Wenn Sie dafür in Ihr Tagebuch sehen müssen, ist das in Ordnung. Für manche Leute ist auch ein Blick in die sozialen Medien hilfreich.
- Notieren Sie, was Sie angesichts dieser Ereignisse fühlten.

Jetzt nehmen Sie ein neues Blatt – so groß wie möglich.

- Zeichen Sie ganz links eine senkrechte Linie und durch die Mitte des Blatts eine waagerechte. Die waagerechte Achse zeigt den Zeitverlauf, die senkrechte Ihre Gefühlslage. Am höchsten Punkt fühlen Sie sich im Einklang, glücklich, verbunden. Am tiefsten Punkt fühlen Sie sich niedergeschlagen, allein und ohne Bindung.
- Übertragen Sie alle gewählten Ereignisse und die Gefühlslagen in die Grafik, um ein Bild zu erhalten.

Sobald Sie Ihre Grafik gezeichnet haben, nehmen Sie sich Zeit, um die Geschichte dieses Abschnitts Ihres Lebens zu betrachten. Was sehen Sie? Wann ging es Ihnen gut? Was hat Ihnen gefehlt? Welche Einsichten können Sie für sich gewinnen?

Beim Blick zurück wird der Weg aus dem Dickicht sichtbar und es lassen sich Verbindungen knüpfen. Man kann nicht sehen, was kommt, aber man versteht die Geschichte, die vorausging.

Je besser Sie verstehen, was Ihnen in der Vergangenheit gutgetan hat, je mehr Sie verstehen, was Ihnen an wichtigen Punkten gefehlt hat, desto besser lernen Sie sich kennen.

Der Zeitstrahl kann Ihnen helfen, Ihre jetzigen Gefühle zu verstehen.

Manchmal, vor allem in turbulenten Zeiten, kann es leichter sein, abzustumpfen, um weitermachen zu können. Der Überlebensinstinkt ist wirklich nützlich, oder? Doch wenn wir das tun, laufen wir Gefahr, unsere Erfahrungen einzuschränken oder zu schmälern, ihnen weniger Bedeutung zuzumessen, als sie verdienen.

Einen Zeitstrahl zu zeichnen, kann Ihnen helfen, sich mit der Realität auseinanderzusetzen. Er kann Licht in Ihre Vergangenheit bringen und Ihnen zeigen, wie daraus die Gegenwart entstanden ist. Er kann helfen, Ihre Situation zu verstehen, und Ihnen einen Seufzer der Erleichterung entlocken, wenn Sie sagen: „Ja, jetzt weiß ich, warum."

Wenn sie klarsehen, können Sie beginnen zu leuchten ...

Welchen Sinn hat Ihr Leben?

Während Sie sich der Realität Ihres Wandels stellen, denken Sie vielleicht, dass Sie gerade eigentlich keine Zeit haben für solch eine tiefgehende Reflexion. Möglicherweise finden Sie, dass der Luxus, sich in das Innerste seines Selbst zu begeben, etwas für andere ist, aber nicht für Sie. Ich möchte Ihnen sagen, dass Sie gerade wegen dieser Veränderungen die Gelegenheit wahrnehmen sollten, innezuhalten und zu erforschen, wer Sie sind. Das Leben hat Ihnen eine Situation (oder gleich mehrere) geschenkt, die Ihre ganze Aufmerksamkeit erfordert, die Sie anfleht, das Tempo zu drosseln, eine Pause einzulegen und neu zu starten. Im Herzen dieser Veränderung werden Sie dahin geleitet, immer mehr die Person zu werden, die Sie wirklich sind. Vielleicht werden Sie dazu gebracht, die beste Mutter (bzw. der beste Vater) zu sein, die Sie sein können, oder Sie werden ermutigt, einen schönen Garten anzulegen. Vielleicht haben Sie eine Geschichte zu erzählen oder ein Geschäft aufzubauen.

Ihr Sinn des Lebens kann viele inspirieren oder einige nur berühren. Es ist egal, worin er besteht – es kommt nur darauf an, dass Sie wissen, was er Ihnen zu unterschiedlichen Zeiten bedeutet. Sie können nach innen blicken und zu Ihrem Selbstgefühl und dem für Sie richtigen Platz auf der Welt eine Verbindung eingehen.

Das Gefühl für den Sinn des eigenen Lebens existiert in jedem von uns und wird Ihnen bewusster, wenn Sie lernen, in Ihr Herz zu blicken.

» Wer nach außen sieht, träumt.
Wer nach innen blickt, erwacht. «

– **Carl Gustav Jung**

Aufwachen …

An einem schwierigen Scheideweg zu stehen, wie Sie es gerade tun, erfordert eine umfassende Neubewertung. Nun ist die Zeit gekommen, um auf das Stichwort zu reagieren, das das Leben Ihnen gibt, und alles zu überdenken, was Sie zu wissen glaubten. Dabei könnten bohrende Fragen auftauchen:

„Ist das alles?“

„Warum bin ich hier?“

„Hat das Leben nicht mehr zu bieten als das hier?“

Wenn Sie sich diese Fragen stellen, träumen Sie vielleicht von der Flucht in ein fernes Land, vom Meditieren auf einem Berg oder davon, vom Prinzen auf das weiße Pferd gehoben und ein Leben lang umsorgt zu werden. Es ist normal, sich Fantasien hinzugeben, besonders wenn das Leben so unsicher erscheint.

Die Wahrheit ist: Das Leben ist immer unsicher. Es gibt Konstanten, wie die Nacht, die auf den Tag folgt, aber meistens leben wir in einer unvorhersehbaren, unkontrollierbaren Welt. Und um sich in der unbezähmbaren Welt sicher und geborgen zu fühlen, müssen Sie mit Ihrem Innern im Einklang stehen und wissen, wer Sie sind und welchen Sinn Ihr Leben hat. Das zu wissen, macht es möglich, sich innerlich stabil, ruhig und stark zu fühlen, selbst wenn die Welt da draußen wie auf Sand gebaut wirkt.

Die Pausentaste drücken

Um Ihnen zu helfen, Ihren Sinn des Lebens zu erforschen, werde ich Sie durch eine Schreibübung zur Reflexion leiten.

Die Frage, mit der Sie sich in dieser Übung befassen, lautet:

„Warum bin ich hier?"

Das mag zunächst provokativ wirken, aber statt aus der Frage Druck entstehen zu lassen, möchte ich Sie ermutigen, sie mit Leichtigkeit anzugehen. Wenn Sie das tun, werden sich Ihnen die Antworten offenbaren. So geht es los:

Suchen Sie sich einen ruhigen Ort, an dem Sie nicht abgelenkt sind. Sie werden ein wichtiges Schriftstück verfassen, also nehmen Sie sich Zeit für diese Übung. Vielleicht fühlen Sie sich auch von einer bestimmten Umgebung inspiriert, das kann ein Garten sein, ein Baum im Wald, den Sie mögen, ein Vogelbeobachtungsturm am See, ein Museum oder sogar Ihr Lieblingscafé.

Wenn Sie es sich gemütlich gemacht haben, schreiben Sie bitte die folgenden Worte in Ihr Tagebuch:

Ich ging zum Meister und fragte: „Meister, warum bin ich hier?“, und der Meister antwortete: „Du bist hier, weil ...“

Vervollständigen Sie den Satz und schreiben Sie danach einfach weiter. Lassen Sie die Worte fließen. Es ist egal, ob sie einen Sinn ergeben oder nicht. Zensieren Sie Ihre Worte nicht, schreiben Sie einfach weiter. Wenn Sie einen Punkt erreichen, an dem es nicht weitergeht, gehen Sie zur Anfangsfrage zurück und beginnen Sie von vorn.

Es ist gleichgültig, ob Sie an Meister, Gurus oder höhere Wesen glauben oder nicht. Schreiben Sie, so viel Sie können. Ihr Unterbewusstsein weiß, wonach Sie suchen, und wenn Sie Ihren Geist öffnen, Ihren Gedanken freien Lauf lassen und um diese Information bitten, wird sie kommen. Seien Sie freundlich zu sich selbst, öffnen Sie dieser Frage Ihr Herz und verschaffen Sie dem Flüstern Ihrer Seele Gehör. Gestatten Sie sich, daran zu denken, was Sie hier und jetzt am dringendsten wissen müssen.

Wonach streben Sie?

Sie haben den halben Weg schon hinter sich. Wie fühlen Sie sich? Wie Ihre Antwort auch lauten mag, sie ist in Ordnung. Jetzt werden Sie all das, was Sie bisher gelernt haben, miteinander verbinden. Nehmen Sie sich Zeit und lesen Sie, was Sie in Ihr Tagebuch geschrieben haben. Erkennen Sie ein Muster? Gibt es einen roten Faden? Welche Themen stechen heraus?

Vielleicht fühlen Sie sich immer noch verloren und verwirrt. Sollte das der Fall sein, haben Sie Geduld mit sich. Sie haben eine Menge Informationen aus Ihrem Innern zusammengetragen, die Ihnen helfen werden, über Ihre äußeren Möglichkeiten nachzudenken. Jetzt sieht vielleicht alles noch durcheinander aus und ergibt keinen Sinn. Das ist in Ordnung. Nehmen Sie sich so viel Zeit, wie Sie brauchen.

Manchmal bremsen wir uns aus, bevor wir überhaupt angefangen haben. Vielleicht lesen Sie in Ihrem Tagebuch und schütteln den Kopf. „Das würde ich gerne machen, aber ..."

Schieben Sie diesen Gedanken beiseite. Wenn Sie anfangen zu denken: „Ich weiß nicht" oder „Ich kann nicht", halten Sie einen Augenblick inne. Wenn Sie **wüssten**, was würden Sie sagen? Wenn Sie **könnten**, was wäre das?

Gehen Sie noch einmal alle Übungen durch, die wir bisher gemacht haben. Lassen Sie sie sanft in Ihrem Kopf kreisen. Ja, es gibt Widersprüche. Ja, einige Dinge passen nicht zusammen. Es wird Gedanken geben, die Ihnen Angst einflößen oder Sie nervös machen. Das ist in Ordnung.

Vergessen Sie
nicht zu atmen.

Lassen Sie
sich Zeit.

Vertrauen Sie
sich selbst.

„Schaffe dir die Art von Selbst, mit der du dein ganzes Leben lang gerne zusammen bist."

– Golda Meir

Manchmal müssen wir mit der Zeit spielen, um die Antworten zu finden. Ich werde Ihnen helfen, einen Spaziergang in die Zukunft zu machen.

Sie begeben sich auf eine Visionssuche. Diese Mission hat zwei Teile. Der erste Teil dient dazu, Ihre Sinne zu öffnen, der zweite ist eine Schreibübung. Ihre Suche sollte keinesfalls übereilt werden. Nehmen Sie sich Zeit. Wenn Sie können, erlauben Sie sich einen ganzen Morgen oder Nachmittag dafür. Vielleicht wählen Sie einen Wochenendtag, an dem Sie sich wirklich entspannen können und keine anderen Verpflichtungen haben.

Die Sinne öffnen

Zur Vorbereitung auf die Visionssuche:

- Besorgen Sie sich ein Heft und einen Stift. Wenn Sie gerne Musik hören, stellen Sie einen Mix von sanften und inspirierenden Stücken zusammen. Die Musik kommt aber erst im zweiten Teil der Suche zum Einsatz. Bevorzugen Sie Stille, brauchen Sie für die Schreibübung keine Musik auswählen.
- Suchen Sie sich einen Platz im Freien, der Ihnen gefällt. Das kann in einem Park, am See, im Wald, am Meer, auf einem Hügel, im Garten oder an einem Fluss sein. Sie sollten ihn möglichst zu Fuß erreichen können. Wenn Sie hinfahren müssen, ist das aber auch kein Problem.
- Lesen Sie den folgenden Abschnitt vollständig durch, bevor Sie sich auf den Weg machen, damit Sie genau wissen, was zu tun ist. Notieren Sie die Anweisungen, an die Sie sich erinnern wollen, in Ihr Heft und nehmen Sie es mit.

Übung für die Visionssuche

Teil eins: Stimulieren Sie Ihre Sinne

Wenn Sie bereit sind, suchen Sie den Ort Ihrer Wahl auf. Gehen Sie zu Fuß, können Sie den Spaziergang Teil der Erfahrung werden lassen. Wenn Sie fahren, konzentrieren Sie sich besser auf die Straße und tauchen erst vor Ort tiefer in die Erfahrung ein.

Der erste Teil der Suche soll die Sinne stimulieren, um Ihnen Zugang zu Ihrer Kreativität zu verschaffen. Ich schlage Folgendes vor:

Geruchssinn
Ich möchte, dass Sie auf eine „Geruchssafari" gehen. Manche Gerüche wecken Erinnerungen und bringen Emotionen hervor. Wie reagieren Sie auf Gerüche, wie dem von geschnittenem Gras, Diesel, feuchtem Holz oder eines gerade entzündeten Streichholzes? Selbst nur davon zu lesen, kann Reaktionen hervorrufen. Während Sie gehen, achten Sie auf die Gerüche, die Ihnen gefallen. Frisch gekochter Kaffee gibt mir ein warmes Gefühl, dabei trinke ich gar keinen Kaffee. Finden Sie auch Gerüche, die Sie nicht mögen, etwa Autoabgase oder Zigarettenrauch, und registrieren Sie die Gefühle, die dabei aufkommen. Denken Sie daran, dass Sie Ihre Sinne stimulieren, um auf Ihre Kreativität zuzugreifen. Es gibt kein richtig oder falsch.

Sehsinn

Konzentrieren Sie sich jetzt auf Ihre Augen. Ich möchte, dass Sie beim Gehen drei Farben suchen: Rot, Grün und Blau. Blicken Sie nach oben, nach unten und um sich. Lassen Sie Ihre Augen „weich" sein. Meistens neigen wir dazu, mit „harten" Augen zu sehen. Dann benutzen wir unseren Verstand, um die Bedeutung dessen, was wir sehen, zu verstehen. Bedeutung spielt hier keine Rolle. Suchen Sie einfach mit weichen Augen nach den Farben Rot, Grün und Blau.

Hörsinn

Der letzte Teil dieser Übung ist bewusstes Hören. Öffnen Sie Ihre Ohren. Was hören Sie wirklich? Was können Sie jenseits von Verkehr und Stimmen hören? Vergessen Sie nicht, tief zu atmen. Erinnern Sie sich daran, dass es keine „richtige" Antwort gibt. Sie hören einfach bewusster hin und öffnen ihren Hörsinn. Welche Gefühle nehmen Sie in den Geräuschen wahr? Versuchen Sie zunächst, Klänge aus der Nähe aufzunehmen, und spielen Sie dann mit der Entfernung. Lassen Sie Ihre Ohren die mittlere und weite Distanz erkunden. Gehen Sie dabei weiter, hören Sie hin und atmen Sie.

Übung für die Visionssuche

Teil zwei: Schreiben Sie sich selbst einen Brief

Nun haben Sie Ihre Sinne geöffnet und sind bereit zum Schreiben. Suchen Sie sich immer noch im Freien einen angenehmen Ort, wo Sie ungestört sind. Wenn Sie beim Schreiben Musik hören möchten, ist nun der richtige Zeitpunkt dafür. Vielleicht bevorzugen Sie aber auch die Stille oder die Geräusche um Sie herum. Schreiben Sie einen Brief in Ihr Tagebuch. Dieser besondere Brief ist aus der Zukunft an Sie gerichtet. So geht's:

- Wählen Sie einen Zeitpunkt in der Zukunft, der für Sie bedeutend ist. Das kann ein besonderer Geburtstag oder Jahrestag sein, ein spezielles Jahr oder Alter. Es gibt keine Regeln, wählen Sie, was Sie passend finden. Sie können als 90-Jährige schreiben, als fünf Jahre älteres Ich oder auch als Elternteil eines dann zehnjährigen Kindes.
- Stellen Sie sich vor, wie Sie selbst an diesem Punkt in der Zukunft sein werden. Wo sind Sie? Mit wem sind Sie zusammen? Was sehen Sie? Was riechen Sie? Was hören Sie? Stellen Sie sich Farben, Gerüche, Leute und Umgebung so detailreich wie möglich vor. Denken Sie daran, tief zu atmen.

Schreiben Sie einen Brief, der mit „Liebe/Lieber __________" (setzen Sie Ihren Namen ein) beginnt. Der Brief ist von Ihrem zukünftigen Ich an Ihr jetziges Ich gerichtet und lässt Sie an der Weisheit teilhaben, die Sie im Lauf der Jahre gesammelt haben. Ihr zukünftiges Ich teilt Ihnen mit, was und wen Sie in Ihrem Leben geliebt haben, was Ihr Herz hat höherschlagen lassen, was Ihrer Seele gutgetan hat. Es berichtet Ihnen von Schwierigkeiten, die Sie überwinden mussten, um Ihre Träume, Leidenschaften und Ziele zu verwirklichen. Sein Brief ermutigt Ihr derzeitiges Selbst und schlägt Ziele vor, die zu erreichen lohnenswert sind.

Lassen Sie sich bei dieser Übung Zeit – es ist eine tiefe und kraftvolle Visionssuche. Sobald Sie fertig sind, gibt es nichts mehr zu tun, als sich auszuruhen. Sorgen Sie dafür, dass Sie in der Nacht gut schlafen. Fällt Ihnen am nächsten Morgen noch etwas ein, was Sie dem Brief hinzufügen wollen, halten Sie es fest. Denken Sie daran, dass es hier noch immer nicht darum geht, aktiv zu werden, es sei denn, Sie möchten unbedingt etwas tun. Es geht um andauernde Neugier, die Ihre Weisheit sanft zum Vorschein bringt.

Spüren Sie, wie Sie sich durch den Nebel hindurch konzentrieren können? Lassen Sie Ihre Ziele um sich herum schweben und Ihnen Möglichkeiten zuflüstern.

Auf Suche sein ...

Was möchten Sie erschaffen?

Kreative Prozesse verlaufen nicht ebenmäßig. Manchmal steckt man fest und ist unsicher, ein anderes Mal geht alles wie von selbst. Wenn Sie feststecken, hilft Bewegung, um sich zu befreien. Dabei verändert sich der Blick auf die Dinge. Warum also nicht einen Spaziergang machen, Rad fahren oder schwimmen gehen oder Sie legen Musik auf und tanzen durch Ihr Wohnzimmer? Oder versuchen Sie es mit sanftem Yoga.

Yoga eignet sich ausgezeichnet, um uns in Zeiten von Veränderung und Rückschau zu unterstützen. Wünschen Sie sich mehr Flexibilität bei Ihren Entscheidungen und Wahlmöglichkeiten, üben Sie sanfte Drehungen. Möchten Sie alles einmal ganz anders betrachten, versuchen Sie es mit Umkehrübungen wie dem Schulterstand oder beugen Sie sich zum Pflug. Sollte das zu schwierig sein, legen Sie sich einfach auf den Boden und stützen Sie dabei Ihre Beine an der Wand ab. Wenn Sie sich auf den Kopf stellen, bekommen Sie auf jeden Fall eine ganz neue Sicht der Welt.

Hätte ich mir nicht meine
eigene Welt geschaffen,
wäre ich gewiss in der eines
anderen gestorben.

– Anaïs Nin

Die Pausentaste drücken

Sie kreieren eine Traumcollage. Für den Fall, dass Sie das noch nie gemacht haben: Das ist eine witzige, kreative Übung, die es Ihnen erlaubt, darüber nachzudenken, was Sie im Leben erschaffen wollen. Bevor Sie beginnen, brauchen Sie einige Dinge.

- Ein großes Stück Pappe oder Styropor
- Schere
- Kleber
- Alte Zeitschriften oder Bilder, die Ihnen gefallen, wie Postkarten, Fotos und Zitate

Wie immer brauchen Sie für diese Übung Zeit, in der Sie sich entspannen können. Vermeiden Sie Zeitdruck. Bereiten Sie Ihren Platz vor, indem Sie eine Kerze anzünden und mit ätherischem Öl für gute Raumluft sorgen. Pfefferminz, Zitrone oder Rosmarin helfen, klar zu denken, verzichten Sie aber auf Rosmarin, wenn Sie schwanger sind oder an Epilepsie leiden. Legen Sie Musik auf, die Sie mögen, das inspiriert. Vielleicht möchten Sie Ihre Traumcollage für einen bestimmten Bereich Ihres Lebens gestalten, etwa Beruf, Liebe oder Familie. Oder Sie erlegen sich keinerlei Grenzen auf – was immer für Sie am besten funktioniert.

Beginnen Sie nun mit Ihrer Collage. Man kann diese wunderbare Technik auf unterschiedliche Weise benutzen, aber jetzt geht es darum, mehr darüber zu erfahren, was Ihr Herz und Ihre Seele wirklich jubeln lässt.

Blättern Sie Ihre Zeitschriften durch und suchen Sie nach Abbildungen, die Sie ansprechen und innehalten lassen. Schneiden Sie sie aus und legen Sie sie zur Seite. Zensieren Sie sich nicht. Es ist kein Problem, wenn Sie nie auch nur im mindesten daran gedacht haben, nach Indien zu reisen, dennoch finden Sie das Bild mit den Gewürzen ungemein anregend. Sie halten sich gar nicht für einen mütterlichen Typ, aber dieses Babybild geht Ihnen zu Herzen? Ganz egal, schneiden Sie es aus. Lassen Sie alles ruhig ein paar Stunden liegen. Dann gehen Sie Ihre Bilder durch und wählen die aus, die Sie wirklich ansprechen, nicht die, von denen Sie meinen, Sie müssten sie mögen, sondern die, ohne die Sie nicht leben können.

Sind Sie überrascht?

Unser Unterbewusstsein weiß gewöhnlich, was wir wirklich wollen und brauchen. Unser Bewusstsein bedrängt uns aber und sagt uns, was wir wollen und tun sollten. Bilder können das Bewusstsein umgehen. Hören Sie auf sie. Lassen Sie diesen Prozess ganz intuitiv sein.

Arrangieren Sie die ausgewählten Bilder auf der Pappe und kleben Sie sie fest. Sobald alles trocken ist, bewahren Sie Ihre Traumcollage dort auf, wo Sie sie sehen und täglich die Absicht spüren können, die dahintersteckt. Lassen Sie Ihre Träume wahr werden.

Glauben Sie ...

Wovor haben Sie Angst?

Es gibt im alten chinesischen *I Ching*, dem Orakelbuch, ein Zitat, das ich liebe. Es besagt:

Nur wenn wir den Mut haben, den Dingen genau so gegenüberzutreten, wie sie sind, ohne Selbstbetrug oder Illusion, wird sich aus den Ereignissen ein Licht ergeben, das den Pfad zum Erfolg sichtbar macht.

Angst ist natürlich. Mit ihr schützt uns unsere Psyche.

Manchmal kann die Angst sehr nützlich und wunderbar sein. Sie hält uns bei Gefahr zurück und warnt uns vor gefährlichen Situationen und Menschen. Aber Angst kann uns auch von dem zurückhalten, was wir eigentlich tun müssten. Unser Denken kann sich schnell in einem Gespinst aus Angst und Sorge verstricken.

Alles, was sich außerhalb unserer Komfortzone befindet, kann unsere Herzen schneller schlagen lassen. Wir sind Gewohnheitstiere, wir fühlen uns an den vertrauten Orten, mit den üblichen Menschen und Tätigkeiten sicher. Manchmal haben wir so viel Angst, uns aus der bekannten und geschützten Umgebung zu bewegen, dass wir unsere Träume unterdrücken.

Manche Möglichkeiten und Entscheidungen sind nicht sehr verlockend, manche sogar beängstigend. Das ist normal. Sie stehen an der Schwelle zu etwas Wunderbarem.

Wagen Sie es …

Angst ist Aufregung ohne Atem.

– Dr. K. Bradford Brown

Der Angst entgegentreten

Denken Sie zurück. Erinnern Sie sich daran, wann Sie schon einmal der Angst entgegengetreten sind. Als Sie zum ersten Mal zur Schule gegangen sind? Als Sie die Schule gewechselt haben? Als Sie umgezogen sind? Als Sie zum ersten Mal im Ausland waren? Als Sie zum ersten Mal eine Verabredung hatten? Alles war irgendwann einmal neu.

Die Pausentaste drücken

Nehmen Sie ein leeres Blatt Papier.

Holen Sie tief Luft und schreiben Sie oben auf das Blatt:
„Ich habe Angst vor ...“

Nun schreiben Sie Ihre Sorgen auf. Schreiben Sie ungehemmt, ganz egal wie albern oder kleinlich oder verrückt diese Ängste sind. Geben Sie Ihrer Angst einen sicheren Ort.

Schenken Sie Ihrer Angst Anerkennung, sehen Sie ihr ins Auge, das ist der erste Schritt, um mit ihr umzugehen.

Es kann sein, dass Sie jetzt ganz aufgekratzt sind und wie im Rausch Ihren Ängsten etwas entgegensetzen wollen. Das ist fabelhaft – aber vielleicht überlegen Sie erst, ob es noch Knackpunkte gibt. Fortschritt entsteht meist aus einer Mischung von Vision und Pragmatismus.

Denken Sie daran, dass die mutigsten Menschen nicht die sind, die keine Angst haben, sondern die, die ihrer Angst ins Auge blicken und sie dann überwinden.

Vergessen Sie nicht zu atmen.

Und beim Atmen sehen Sie sich nun genau an, was Sie geschrieben haben. Wie wahr ist jede dieser Ängste? Wie könnten Sie sie überwinden? Haben Sie etwas Ähnliches schon einmal erlebt und gut überstanden? Wo in Ihrem Körper spüren Sie die Angst? Nun ... ist das wirklich Angst oder gibt es da auch ein bisschen Erregung? Es überrascht nicht, dass die beängstigendsten Dinge auch die aufregendsten sein können. Adrenalin ist eine starke Droge und wir alle brauchen ein bestimmtes Maß an Nervenkitzel in unserem Leben, um interessiert, begeistert und leidenschaftlich zu bleiben.

Was, wenn Ihre Ängste nur das Sprungbrett zu etwas Fantastischem wären? Drehen Sie Ihr Blatt um und wenden Sie sich von Ihren Ängsten ab. Nun atmen Sie tief und sehen ohne Angst in die Welt. Seien Sie wagemutig.

Schreiben Sie eine unmissverständliche Wahrheit über sich auf.

Und so ist es.

Wer kann Ihnen helfen?

Wenn Sie sich darauf vorbereiten, ins Leere zu springen, können Sie das Gefühl haben, niemand stehe hinter Ihnen, an Ihrer Seite, niemand gehe voran. Es ist leicht zu glauben, man sei isoliert und allein.
Das sind Sie nicht.

In Ihrem Leben gibt es Menschen in direkter oder weiterer Umgebung, die Ihnen helfen können, Menschen, die Sie bereits kennen – und Menschen, die Sie noch kennenlernen werden. In Ihrem Leben gibt es Kreise, große und kleine, nahe und ferne.

„Spring, dann taucht das Netz auf."

– John Burroughs

Die Pausentaste drücken

Werfen Sie einen genauen Blick auf die Beziehungen in Ihrem Leben. Nehmen Sie ein leeres Blatt Papier und zeichnen Sie drei konzentrische Kreise, einen großen über die ganze Seite und darin zwei kleinere.

In die Mitte schreiben Sie die Namen der Menschen, die Ihnen am nächsten sind, die Freunde und Verwandten, von denen Sie wissen, dass sie Ihnen beistehen.

In den zweiten Kreis kommen die Namen Bekannter, von Menschen, die Sie lange nicht gesehen haben, die Ihnen einst wichtig waren, von denen Sie durch die Zeit und die Umstände getrennt wurden. Dazu können Kollegen oder alte Freunde zählen, zu denen der Kontakt abgebrochen ist.

In den dritten Kreis schreiben Sie die Namen von Menschen, die sie kennen, die in Verbindung zu den Menschen in den anderen beiden Kreisen stehen, wie vage die Verbindung auch sein mag, wie weit entfernt und wie unwahrscheinlich.

Sobald Sie die Namen der Menschen aufgeschrieben haben, mit denen Sie verbunden sind, treten Sie einen Schritt zurück. Was sehen Sie? Wie fühlen Sie sich? Welche Gedanken tauchen auf? Manchmal fühlen wir uns im Leben allein, dabei sind wir von Menschen umgeben. Oft muss man nur ein oder zwei Leute um Unterstützung bitten und es bewegt sich etwas.

Denken Sie daran, dass die meisten Menschen gerne helfen, das ist Teil der menschlichen Natur. Wenn sie selbst nicht sofort helfen können, wissen sie vielleicht jemanden, der es kann. Es gibt da draußen ein Netzwerk, ein glitzerndes Netz, dessen Fäden sich verbinden. Sie wissen es vielleicht noch nicht, aber da draußen sind irgendwo Menschen, die Ihnen helfen und die Sie unterstützen können.

Ihr Fallschirm.

Tribes

Wir leben in einer interessanten Zeit, in der gleichgesinnte, seelvenverwandte Menschen einander finden. Es ist kein Zufall, dass das Internet sein Netz gerade jetzt spinnen kann. Es erlaubt uns, „Familie“ zu finden, unseren Tribe, ganz gleich, wie weit er verstreut ist. Es lässt uns Verbindungen mit solchen Seelen eingehen, die in uns einen Widerhall erzeugen, zu denen wir tiefe, weit reichende Bindungen haben.

In der Vergangenheit waren wir geografisch und sozial eingeschränkt. Wir hatten einen kleineren Pool um uns herum. Nun kann die Welt in unsere Köpfe kommen, in unser Leben, uns retten. Ihr Tribe könnte aus Ihrer Nachbarschaft kommen oder sich über den ganzen Erdball erstrecken.

Wir finden unseren Tribe, die Menschen, die uns wirklich wichtig sind. Die unseren Zielen, Ambitionen, Hoffnungen, Träumen zuhören und sagen: „Ja!“, „Das verstehe ich!“, „Wie kann ich helfen?“, „Was brauchst du?“.

In der Vergangenheit fanden Sie vielleicht, dass Sie allein zurechtkommen sollten, unabhängig und eigenständig, und dass Sie alles selbst erledigen sollten. Das brauchen Sie nicht. Jetzt ist die Zeit, um sich umzusehen und sich zu fragen, wer Ihnen mit dem helfen könnte, was Sie brauchen. Ihre Vision und Ihre Veränderung könnten Fähigkeiten und Wissen erforderlich machen, die Sie nicht haben, und die Sie sich erst aneignen müssen. Vielleicht glauben Sie, dass es zu viele Hürden auf Ihrem Weg gibt. Die gute Nachricht ist, dass Sie das alles nicht allein bewältigen müssen. Ihre Seelenverwandten können Ihnen helfen. Und, falls Sie es nicht können, kennen Sie bestimmt jemanden, der es kann.

Sobald Sie beginnen, mit Menschen zu sprechen, wird es aufregend. Ideen wachsen an anderen Ideen. Versammeln Sie Ihr Dreamteam um sich und wundersame Dinge können geschehen. Das ist nicht egoistisch. Wenn Menschen zusammenarbeiten, gewinnen alle.

Verbinden
Sie sich ...

Wie baut man ein stärkendes Netzwerk auf?

Wenn Sie sich immer noch isoliert fühlen und Ihnen Unterstützung fehlt, müssen Sie vielleicht mehr in die Kontaktpflege investieren. Und selbst wenn Sie von vielen Menschen umgeben sind, denken Sie vielleicht einmal darüber nach, welchen Beitrag sie jeweils leisten. Ich betrachte das unter vier Aspekten.

1 **Physisch**

Die erste Frage ist, wer Ihnen dabei hilft, Ihr körperliches Wohlergehen aufrechtzuerhalten. Haben Sie einen Wanderfreund, eine Lieblings-Yogalehrerin oder sogar einen Ernährungsberater? Braucht Ihr Körper mehr energetische Unterstützung? Haben Sie eine Atemtherapeutin, einen Masseur, Shiatsu-Fachmann oder eine Cranio-Sacral-Therapeutin, die Ihnen helfen kann? Wenn nicht, ist es ein guter erster Schritt, jemanden für Ihr körperliches Wohlergehen zu finden.

2 **Emotional**

Die nächste Frage ist, woher die emotionale Unterstützung kommen kann. Wen gibt es in Ihrem Leben, der vollkommen auf Ihrer Seite steht und von ganzem Herzen Ihr emotionales Wohlbefinden unterstützt? Haben Sie einen Coach, einen Ratgeber oder eine Therapeutin? Wenn nicht, bauen Sie eine Beziehung zu jemandem auf, der Ihre emotionalen Bedürfnisse vollständig erfüllt. Verlassen Sie sich dabei nicht zu 100 Prozent auf Familie und Freunde – sie tendieren zu voreingenommenen Sichtweisen und werden diese natürlich ins Spiel bringen.

3 Spirituell

Nun müssen Sie sich fragen, welche spirituelle Stütze Sie brauchen. Es ist wichtig, ganz achtsam mit sich zu sein und herauszufinden, wonach sich Ihre Seele sehnt. Kann das Meer Ihnen das bieten? Finden Sie Trost in Ihrer Kirchengemeinde? Haben Sie eine Meditationslehrerin, die Ihnen dabei hilft, eine engere Beziehung zum Universum zu knüpfen? Oder hilft Ihnen jemand, Ihre nächtlichen Träume zu deuten? Das sollte sich entwickeln, wie auch Sie im Lauf der Zeit wachsen und sich entwickeln.

4 Spielerisch

Und schließlich sollten Sie die Macht des Spielens nicht unterschätzen. Wer nährt Ihre Seele auf amüsante Art? Wen rufen Sie an, um einen Witz weiterzuerzählen? Wer lässt Sie lächeln und bringt Ihrer Seele Freude? Mit wem können Sie die besten Partys feiern und am ausgelassensten kichern? Holen Sie diese Leute näher zu sich heran – schließlich können wir alle von etwas Leichtigkeit im Leben profitieren.

Ein letzter Gedanke zum Schluss. Ich habe mein Netzwerk über die Jahre weltweit aufgebaut. Wenn das für Sie neu ist, glauben Sie nicht, Sie müssten alles auf einmal in Angriff nehmen. Beginnen Sie irgendwo. Wählen Sie eine Person aus. Entwickeln Sie eine Beziehung und sehen Sie, wie Sie auf deren Unterstützung reagieren, stellen Sie sicher, dass dies die beste Person für Sie ist, und binden Sie allmählich mehr Menschen in Ihr Netzwerk ein.

Was ist Ihr erster Schritt?

Jetzt ist die Zeit gekommen, um den nächsten kleinen (oder großen) Schritt zu wagen. Sie können nichts falsch machen, vertrauen Sie sich selbst. Sie wissen, was zu tun ist. Ich glaube, Sie wussten das schon die ganze Zeit. Denken Sie daran, Sie haben nun einen Plan, aber verbeißen Sie sich nicht darin. Der Tanz mit dem Leben wird Sie zu Ihren Wünschen führen.

Tanzen ...

Sie befinden sich in einer aufregenden Phase, in der Sie wahrscheinlich spüren, wie Ihre Energie wächst. Sie verstehen Ihre derzeitige Wirklichkeit und haben Ihren großen Traum erforscht. Indem Sie das getan haben, ist eine natürliche Spannung zwischen diesen beiden Aspekten Ihrer Persönlichkeit entstanden. Diese Spannung ist wichtig, denn Sie bringt die Energie mit, die Ihnen helfen wird, Ihrem großen Traum näherzukommen.

Es ist nicht möglich, etwas „Falsches" zu wählen. Solange Sie auf etwas konzentriert sind, was für Ihren Traum relevant ist, werden Sie Fahrt aufnehmen.

Viele Möglichkeiten zu haben, kann überwältigend sein. Gehen Sie also Schritt für Schritt vor und konzentrieren Sie sich auf eine Sache, das hilft ungemein. Handeln entsteht aus Absicht, nichts wird ohne Intention geschaffen. Jetzt können Sie also Ihre Absicht festlegen und zu Ihrem besten Wohl verfeinern.

Wenn du dem Flüstern folgst, muss das Leben dich nicht anbrüllen.

– Danielle LaPorte

Die Pausentaste drücken

Lassen Sie sich auch für diese Übung genug Zeit, um sie in Ruhe durchzuführen. Beginnen Sie mit tiefen Atemzügen.

Erkunden Sie Ihre Absichten mithilfe einiger Tagebuchstichworte. Schlagen Sie zunächst eine leere Seite in Ihrem Tagebuch auf und vervollständigen Sie nacheinander die unten stehenden Sätze. Lassen Sie dabei wie immer genug Raum für Magie ... Wenn etwas Unerwartetes auftaucht, lächeln Sie und spielen Sie ein bisschen damit.

Mein Herz sehnt sich nach ...
Ich fühle mich am freiesten, wenn ...
Mein innigster Wunsch ist ...
Ich kann mich entscheiden ...
Ich werde mich auf ... konzentrieren.
Das ist wichtig, weil ...
Ich kann ... um Hilfe bitten.

Sobald Sie Ihre Absichten kennen und damit im Reinen sind, kann sich ein ganz unglaubliches Gefühl einstellen. Alles um Sie herum wird sich verbünden, um Ihnen zu helfen. Menschen werden Lösungen vorschlagen. Gelegenheiten werden auftauchen. Es ist, als seien Sie ein Pfeil, der sich gerade vom Bogen gelöst hat – Sie fliegen auf Ihre Bestimmung zu.

Sie haben sich ein Ziel vorgenommen und jedes Atom in Ihnen strebt dorthin. Ihr Unterbewusstsein ist erfüllt von der versprochenen Zukunft. Ein Fehlschlag ist unmöglich. Wenn

Sie vollkommen mit sich und Ihren Träumen **im Einklang** stehen, wenn Sie Ihr Herz und Denken so weit wie nur irgend möglich geöffnet haben, wird sich alles fügen. Ihr Tribe versammelt sich um Sie. Unerwartete Möglichkeiten ergeben sich.

Halten Sie Ihre Augen nun offen. Halten Sie Ausschau nach Überraschungen, glücklichen Zufällen, nach Zusammentreffen und Gelegenheiten aus heiterem Himmel. Manchmal erscheint das wie Zauberei. Sie stellen das Radio an und ein Lied vermittelt Ihnen die Botschaft, die Sie brauchen. Sie blättern in einer Zeitschrift und ein Zitat trifft Sie mit voller Wucht. Oder, ganz pragmatisch, Sie brauchen etwas und sehen eine Anzeige in der Zeitung oder in den sozialen Medien. Seien Sie für alles offen.

Obwohl diese Phase viel konkreter und bodenständiger ist als die vorherigen, vergessen Sie nicht, auf die subtilen Hinweise zu achten. Sie bewegen sich aus dem Reich des Geistes und der Vorstellungskraft, der Träume und Sehnsüchte in eine physische Realität, aber diese anderen Welten sind immer noch die, die Ihren Traum am Leben erhalten. Bleiben Sie entspannt.

Die Welt ist ein wunderbarer Spielplatz

Selbst die solideste Realität ist nur eine Form von Energie. Erinnern Sie sich daran, dass ein Stein und ein Tanz einfach nur unterschiedliche Frequenzen derselben Sache sind.

Drehen Sie sich wie ein Sufi. Nehmen Sie das Wunder der Veränderung an. Und vergessen Sie nie, zu tanzen.

Wie weit sind Sie gekommen?

Eines ist sicher. Das Leben verändert sich ständig. Schnee schmilzt. Blumen erblühen und verblühen und blühen erneut. Wolken ziehen, weiten sich aus, verdunkeln sich. Aus Flüssen werden Meere. Erdplatten verschieben sich. Der Mond nimmt zu und ab. Wie überall in der Natur verändert sich auch Ihr Wesen. Nehmen Sie sich Zeit und prüfen Sie, wie weit Sie gekommen sind. Wo waren Sie am Anfang Ihrer Reise? Was ist jetzt neu für Sie? Was wissen Sie jetzt über sich, das Leben und andere, was Sie zuvor nicht wussten?

Jetzt ist die Zeit gekommen, dass Sie sich zu sich bekennen, anderen danken, mit Ihren Lieben feiern und alles wahrnehmen. Es ist Zeit, dankbar dafür zu sein, wer Sie waren und wer Sie jetzt sind.

„Je mehr man sein Leben lebt und feiert, desto mehr gibt es auch zu feiern.“

– Oprah Winfrey

Freuen Sie sich …

Vielleicht zögern Sie jetzt und finden die Freude verfrüht. Vielleicht wenden Sie ein, dass Sie doch erst am Anfang Ihrer Reise sind. Warum schlage ich Ihnen also vor, jetzt schon zu feiern?

Sie haben Ihre Absichten in Bewegung gebracht und im Verlauf des ganzen Prozesses haben Sie innerlich Veränderungen bewirkt – kleine und tief bewegende. Schritt für Schritt sind Sie wieder mit sich in Einklang gekommen. Es gibt eine Menge zu feiern.

Was feiern Sie? Sich selbst! Jetzt ist die Zeit, um sich selbst zu würdigen, einen Schritt zurückzutreten, zu nicken und zu sagen: „Du bist wirklich ein unglaublicher Mensch."

Die Pausentaste drücken

Um sich immer wieder daran zu erinnern, was wichtig ist, hilft eine visuelle Stütze. Suchen Sie sich einen Kiesel oder einen anderen Stein, einen, der Sie anspricht, der Ihren Namen ruft. Setzen Sie sich hin, nehmen Sie ihn in die Hand und spüren Sie sein Gewicht, seine Konturen, seine Energie. Wenn Sie Ihren Stein gefunden haben, ist er vielleicht gut so, wie er ist. Möglicherweise wollen Sie ihn aber auch dekorieren, bemalen oder mit einem Wort oder Satz bedrucken, mit etwas, was Ihr Vorhaben zusammenfasst, was Sie an Ihre Absichten erinnert und Sie inspiriert, wenn Sie es täglich sehen. Natürlich kann es sein, dass Ihnen ein Wort oder ein Satz nicht reicht und Sie mehr brauchen. Machen Sie sich in dem Fall ein Poster oder Banner, das alle Gedanken, Stufen, Träume und Visionen Ihrer Veränderung zusammenfasst.

Zeichnen oder malen Sie es in einem Stil, Maßstab und in Farben, die Ihnen gefallen. Wirbeln Sie alles durcheinander. Schauen Sie, welche Worte sich hereindrängen und klar und laut aufgeschrieben werden wollen. Auch hier wird es Hinweise aus Ihrem Unterbewusstsein geben, die nur darauf warten, herauszukommen. Sie müssen kein Künstler sein – greifen Sie sich einfach ein paar Filzstifte, Wasserfarben oder was immer gerade zur Hand ist und schauen Sie, was passiert.

Seien Sie dankbar

Danken Sie sich selbst zuerst einmal für Ihren Mut, dass Sie die Weitsicht und Entschlossenheit hatten, es bis hierher zu schaffen. Denken Sie an den Anfang. Blicken Sie zurück auf das, was Sie über sich entdeckt haben. Sie sind ein Abenteurer des Geistes. Schreiben Sie in Ihr Tagebuch, für welche Aspekte von sich Sie die größte Dankbarkeit empfinden. Ihre Qualitäten, Ihren Charakter, Ihre Eigenschaften, Einstellungen und Werte.

Jetzt sehen Sie sich nach den Menschen um, die Ihnen schon geholfen haben, nach Ihrem Tribe, den anderen, die mit Ihnen in die Zukunft gehen werden, Sie halten, fördern und unterstützen werden. Nehmen Sie sie an. Seien Sie ihnen dankbar. Schreiben Sie ihnen eine Karte, umarmen Sie sie, tun Sie, was immer sich richtig anfühlt, um ihnen dafür zu danken, dass sie in Ihr Leben getreten sind.

Atmen Sie tief, tief ein.

Das ist Energie, die sich von einer nebelhaften Vision, von Ideen, so federleicht und flüchtig wie Wolken, durch die Welt des Denkens und der Absichten in eine Manifestation wandelt. Sie erschaffen Ihre neue Welt. Sie holen Sie aus der Luft, aus Ihren Gedanken und bringen Sie in die materielle Welt.

Tun Sie es mit Dankbarkeit.
Tun Sie es mit ganzem Herzen und aus tiefster Seele.
Tun Sie es mit Liebe.

Teil vier

Übungen für den Alltag

Jedes Mal, wenn Sie eine Pause einlegen, machen Sie einen kleinen Schritt, um Ihr Leben wieder auszubalancieren, um wieder mit der Person, die Sie wirklich sind, und mit dem, was Sie wirklich wollen, in Kontakt zu treten. Zusammengenommen führen diese kleinen Schritte zu einem gesunden Wandel in Ihrem Alltag, der es Ihnen erlaubt, in Einklang mit sich und der Natur zu leben.

An diesem Punkt Ihres Prozesses ist es wichtig zu verstehen, dass Wohlbefinden tägliche Hingabe erfordert. Ohne diese täglichen Übungen leert sich im Lauf der Zeit die Batterie. Ihr Qi (Ihre Lebenskraft) verringert sich und Ihre Ressourcen gehen zur Neige. Das verläuft zunächst schleichend, zum Beispiel ist man häufiger entnervt als inspiriert, häufiger müde als energiegeladen, häufiger traurig als glücklich, häufiger verschlossen als offen.

Wenn Sie es so betrachten, ist die tägliche Übung sinnvoll. Ihre Energie und Ihr Glück sind wichtig, und wenn Sie nicht auf sich aufpassen, wer tut es dann? Es ist egal, wie Sie die Übungen machen, es ist wichtig, dass Sie sie machen. Meditation, Yoga, Tagebuch schreiben, naturbelassenes Essen, Nahrungsergänzungsmittel, Therapie, Dankbarkeit, Schreiben, in der Natur sein, Qi Gong, Tai Chi ...

Jeden Tag sich seiner selbst bewusst sein.

Für sich da sein.

Die tägliche Hingabe an sich selbst ist es, die es Ihnen erlaubt, Ihr Leben intensiver zu leben – Sie haben also die Wahl ...

Ernährung

Heutzutage essen wir oft in Eile und mit einem Knoten im Magen vom Stress. Das macht es dem Körper schwer, zu verdauen und die lebensnotwendigen Nährstoffe zu verwerten. Kommen dazu noch industriell verarbeitete Lebensmittel mit einem hohen Gehalt an Fett, Salz und Zucker, ist es kein Wunder, dass wir uns matt fühlen. Fehlende Nährstoffe schwächen unser Immunsystem. Gehören Sie zu den Menschen, die im Urlaub krank werden oder regelmäßig erkältet sind, schreit Ihr Körper wahrscheinlich nach besserer Ernährung.

Gesunder Bauch

Untersuchungen zeigen, dass ein gesunder Darm für das körperliche, emotionale und mentale Befinden eine wichtige Rolle spielt. Er schützt uns auch vor Krankheiten. Mittlerweile weiß man, dass sich alle Körpersysteme erneuern, sobald der Darm wieder besser funktioniert. Fehlt dem Darm die Balance, entsteht eine „feuchte" Umgebung, in der Hefen, Parasiten und Pilze gedeihen.

So viele naturbelassene Lebensmittel wie möglich

Vor nicht allzu langer Zeit aßen wir, was wir anbauten. Heute stammt die meiste Nahrung aus Massenproduktion und ist voller Zusätze. Dafür fehlen ihr wichtige Nährstoffe. Um diesen Mangel auszugleichen, müssen wir zu einer älteren, wahrscheinlich langsameren Art des Essens zurückkehren. Vollwertige Produkte zu wählen, die so nah am natürlichen

Zustand wie möglich sind, ist ein Anfang. Lebensmittel zu meiden, die mehr als fünf Inhaltsstoffe auf dem Etikett haben oder Stoffe enthalten, die Ihre Großmutter nicht kennt, ist eine gute Einkaufsstrategie.

Saisonal essen

Ein Weg zurück zum Rhythmus der Natur ist, saisonale Lebensmittel zu essen. Die Natur schenkt uns Produkte, die unseren Körper passend zur Jahreszeit stärken. Salat kühlt in den warmen Monaten unseren Körper, während die Wurzelgemüse des Herbstes ihm natürliche Zucker für die Wintermonate zuführen. Zu wissen, wann welche Pflanzen wachsen, hilft, sich der Natur anzupassen.

Bewusst essen

Lesen Sie Ihre Social-Media-Feeds beim Frühstück? Findet Ihr Mittagessen in aller Eile vor dem Computer statt oder essen Sie abends vor dem Fernseher? Das mag harmlos erscheinen, aber wie bewusst sind Sie sich Ihres Essens, wenn der Bildschirm Sie ablenkt? Können Sie es riechen, schmecken und seine Konsistenz wahrnehmen? Essen ist ein Erlebnis, das alle Sinne anspricht. Sehen und riechen helfen dem Gehirn, den Verdauungsvorgang vorzubereiten. Diese Signale auszuschalten, kann den Verdauungstrakt träge werden lassen. Auch Sie fühlen sich dann lustlos und müde, ohne zu wissen, warum.

Ätherische Öle

Ätherische Öle riechen nicht nur wunderbar, sie haben auch Heilkräfte. Diese fünf empfehle ich Ihnen als Grundausstattung:

Lavendel – ein fantastisches, vielseitiges Öl. Sie können es direkt auf die Haut aufragen, um kleinere Blessuren zu lindern, oder Sie können zwei bis drei Tropfen in den Händen verreiben und einatmen. Das beruhigt sofort. Im Bad oder auf dem Kissen sorgt es für einen tiefen Schlaf.

Pfefferminze – das ist ein gutes Öl für alle, die im Büro arbeiten. Atmet man es ein, erlebt man einen spontanen Energieschub. In Wasser verdünnt und auf Nacken oder Handgelenke gesprüht, dient es der Abkühlung im Sommer und bei hitzigen Debatten.

Basilikum – dieses Öl hilft, wenn das Adrenalin schwindet und man sich überfordert oder erschöpft fühlt. Müden Seelen gibt es den Optimismus zurück.

Orange – ist aufheiternd und spendet Energie. Es belebt Körper und Geist und kann die Kreativität fördern. Geben Sie etwas in einen Zerstäuber und versprühen Sie Freude!

Rose – dieses starke Öl hilft, emotionale Tiefen zu überstehen. Beim Meditieren hilft es, Zugang zum Mitgefühl zu finden.

Schlaf

Ihr Körper braucht Ruhe, er ist nicht dafür geschaffen, die ganze Zeit „on" zu sein. In der Natur folgt auf Zeiten der Ruhe eine Verjüngung, ebenso verlangt Ihr Körper, dass Sie gelegentlich abschalten, und dafür bietet sich offensichtlich die Nacht an. Beim Schlaf geht es nicht nur darum, sich für den nächsten Tag auszuruhen, Schlaf ist ein grundlegender Heilungsprozess. Die Zellen reparieren, entgiften und erneuern sich. Schlaf ist für die Vitalität unverzichtbar.

Wenn Sie glauben, dass Ihr Schlaf ein wenig Feinschliff gebrauchen könnte, sind hier einige Vorschläge, mit denen sich die Qualität Ihrer Nachtruhe verbessern lässt.

Vor dem Schlafen

Lernen Sie Ihren Rhythmus kennen
Wir brauchen alle unterschiedlich viel Schlaf und jeder von uns hat eine optimale Schlafens- und Aufwachzeit. Erforschen Sie Ihre Zeiten über eine Woche hinweg. Wie viele Stunden sind für Sie am besten? Wann wachen Sie von allein auf? Wann ist für Sie die beste Zeit, um ins Bett zu gehen? Wann schlafen Sie ein? Sobald Sie Ihren natürlichen Rhythmus kennengelernt haben, halten Sie sich daran, so gut es geht. Jede kleine Abweichung von Ihrem normalen Rhythmus wirkt sich spürbar aus.

Schaffen Sie sich ein Abendritual
Kennen Sie Ihren Rhythmus, gestalten Sie einen festen Ablauf des Abends. Die einfachste Gewohnheit, die Sie sich

zulegen können, heißt elektronischer Sonnenuntergang. Früher hätten wir gesehen, wie das Licht nachlässt und der Tag zur Nacht wird. Dunkelheit ist für den Körper das Stichwort zum Schlafen. Heute sind unsere Häuser und Büros künstlich beleuchtet und das „blaue Licht" von Fernsehern, Laptops, Tablets und Smartphones lässt uns bis in die Nacht aktiv sein. Und nicht nur das, auch was wir ansehen, hebt oft unseren Adrenalin- und Kortisolspiegel zu einer Tageszeit, in der das nicht nötig ist.

Der elektronische Sonnenuntergang ist eine einfache Art des Abschaltens, indem sie 90 Minuten vor dem Zubettgehen alle elektronischen Geräte ausschalten. Dann können Sie sich auf natürliche Weise mit einem warmen (nicht heißen) Epsom-Salz-Bad und einem guten Buch entspannen, Ihr System mit Kamillentee oder Goldener Milch (Kurkuma Latte) herunterfahren und die Yogaposition Shavasana (Totenhaltung) oder eine andere Entspannungsposition einnehmen. Wenn Sie Glühlampen haben, schalten Sie sie aus, denn es besteht die Vermutung, dass das Licht der Glühlampen die Produktion des Schlafhormons Melatonin um 90 Minuten verzögern kann.

Verbannen Sie die Technik aus dem Schlafzimmer
Zur Erweiterung des elektronischen Sonnenuntergangs schalten Sie Ihr Smartphone in den Flugmodus – der Wecker funktioniert dann noch – oder noch besser: Sie kaufen einen Wecker und schlafen ohne Telefon im Raum. Die Versuchung, E-Mails zu checken oder in sozialen Medien zu surfen, wenn man in der Nacht aufwacht, kann die Schlafqualität massiv beeinflussen. Sobald Sie auf den Bildschirm sehen, stoppt die Melatoninproduktion, Ihr Gehirn wacht auf und bevor Sie sich versehen, geht die Sonne auf und Ihr Körper hat die Chance verpasst, sich über Nacht zu verjüngen und zu erneuern. Decken Sie auch LED-Lichter in ihrem Schlafzimmer ab, denn selbst der schwache Schimmer eines Fernsehers im Stand-by-Modus kann die Melatoninproduktion hemmen.

Verzichten Sie auf anregende Stoffe
Kaffee, schwarzer und grüner Tee, Limonaden, Schokolade, einige Medikamente wie Erkältungsmedizin oder schnell wirkende Schmerzmittel enthalten Koffein. Während Sie das vielleicht aufputscht, wenn Ihre Energiereserven schwächeln, kann es die Qualität Ihres Schlafs beeinträchtigen. Alkohol und Nikotin wirken auch anregend.

Wenn Sie schlafen gehen

Drehen Sie die Heizung herunter

Der Körper muss seine Temperatur senken, damit Sie einschlafen. Ein heißes Bad kurz vor dem Zubettgehen wird Sie sicher wachliegen lassen. Nehmen Sie gerne heiße Bäder, tun Sie das früh genug, zwei oder drei Stunden vor der Nachtruhe, damit Ihr Körper ausreichend Zeit zum Abkühlen hat. Wenn Sie können, öffnen Sie in der Nacht das Fenster ein wenig, um die Temperatur zu regulieren und für Frischluft zu sorgen. In heißem Klima sorgen ein dünnes Leinentuch und ein Ventilator für angenehme Temperaturen.

Epsom-Salz und ätherische Öle

Epsom-Salz im warmen Badewasser ist eine einfache Methode zur Entgiftung des Körpers. Das Salz enthält Magnesium, das Muskeln und Geist beim Entspannen hilft. Wenn Sie es vor dem Schlafengehen ins Badewasser geben, denken Sie daran, dass auch Epsom-Salz bei seinem natürlichen Entgiftungsprozess die Körpertemperatur etwas ansteigen lässt.

Ätherische Öle, die Ihnen helfen könnten, sind Lavendel, Bergamotte und Vetiver. Reiben Sie einmal Vetiveröl vor dem Zubettgehen auf Ihre Fußsohlen und beträufeln Sie das Kopfkissen mit Lavendel (oder mischen Sie ein paar Tropfen davon in Ihr Epsom-Salz-Bad). Geben Sie vor dem Schlafen einige Tropfen Lavendel- und Bergamottöl in einen Diffusor.

Kopfkissenposition
Schlafen Sie auf der Seite, legen Sie wie immer ein Kissen unter Ihren Kopf und eines zwischen Ihre Knie.

Schlafen Sie auf dem Rücken, benutzen Sie ein eher flaches Kissen für den Kopf und legen ein weiteres unter Ihre Kniekehlen, um den unteren Rücken zu entlasten.

Schlafen Sie auf dem Bauch, nehmen Sie ein flaches Kissen für den Kopf und legen Sie ein weiteres Kissen unter Ihren Bauch oder Ihr Becken.

Yoga Nidra
Der Begriff Yoga Nidra stammt aus dem Sanskrit und bedeutet „yogischer Schlaf". Er bezeichnet eine intensive Art der Meditation, die Yogis „tiefen bewussten Schlaf" nennen. Es handelt sich um einen tiefen, traumlosen Ruhezustand, bei dem man aber wach bleibt.

Weil Yoga Nidra Anspannung und Nervosität so gut lindert, lässt sich damit auch ein besserer und ruhigerer Schlaf erreichen. Als beste Einführung dazu dient ein Kurs, in dem der Lehrer für Sie die Yoga-Nidra-Meditation vorliest. Als Alternative bieten sich die zum Teil sehr guten Aufnahmen an, die es online gibt.

Übung zum tiefen Atmen

Diese einfache Atemübung entspannt Körper und Geist, lässt sich liegend im Bett durchführen und wirkt deshalb vor dem Schlafengehen besonders gut.

- Ihre Arme liegen entspannt neben Ihrem Körper, die Beine sind hüftbreit ausgestreckt. Atmen Sie zunächst ein paarmal sanft durch die Nase ein und durch den Mund wieder aus. Füllen und leeren Sie Ihre Lungen dabei vollständig.

- Nun atmen Sie tief durch die Nase ein und zählen dabei bis vier. Wenn Sie gleichzeitig ein Geräusch erzeugen, trägt das zur Beruhigung und Entspannung bei. Halten Sie nun den Atem an und zählen wieder bis vier, dann atmen Sie durch die Nase aus, wobei Sie erneut bis vier zählen.

- Beim nächsten Mal zählen Sie beim Einatmen, Anhalten und Ausatmen bis sechs, danach bis acht oder sogar bis zehn oder zwölf. Um die Übung zu beenden, verringern Sie die Atemzeiten in den gleichen Schritten, in denen Sie sie verlängert haben.

- Dann lassen Sie alles los und atmen normal weiter.

Aufwachen

Hier sind einige Vorschläge, mit denen Sie sich durch geistige Klarheit und Energie auf den Tag vorbereiten.

Stellen Sie Ihre Bio-Uhr neu

Gehen Sie nach draußen und tanken Sie 15 Minuten lang Sonnenlicht, um in Ihren Tagesrhythmus zu kommen.

Meditieren Sie

Viele Menschen meditieren nicht, weil Sie fürchten, Ihr Verstand werde ohnehin nicht zur Ruhe kommen. Wenn Ihnen das bekannt vorkommt, machen Sie sich keine Sorgen. Ihr Verstand muss nicht still sein, wenn Sie meditieren – wahrscheinlich wird er zu Beginn Ihrer Meditationspraxis sogar besonders aktiv sein. Der Versuch, das Denken anzuhalten, ist wie der Kampf mit einem Krokodil. Der Schlüssel zur Meditation liegt darin, die Gedanken einfach zuzulassen, sich aber auf die Atmung zu konzentrieren. Die Gedanken werden dann einfach kommen und gehen. Hier ist eine einfache Meditation:

- Suchen Sie sich eine bequeme Sitzposition und halten Sie Ihren Rücken gerade.
- Senken Sie den Blick und richten Sie Ihre Konzentration und Aufmerksamkeit nach innen.
- Atmen Sie dreimal tief durch die Nase ein und durch den Mund wieder aus.

- Beim Sitzen können Sie die Augen schließen.
- Atmen Sie einmal vollständig aus – das bringt Sie wieder zu Ihrem normalen Atemrhythmus.
- Konzentrieren Sie sich auf Ihren natürlichen Atem und greifen Sie nur ein, wenn Sie das wünschen.
- Lassen Sie die Gedanken kommen und gehen.
- Stellen Sie fest, dass Sie abgelenkt wurden und einen Gedanken festhalten, richten Sie Ihre Achtsamkeit wieder auf Ihren Atem.
- Bleiben Sie 10, 15 oder 20 Minuten sitzen und konzentrieren Sie sich auf Ihre Atmung (Sie können mit der Zeit auch noch länger meditieren).
- Am Ende der Meditation reiben Sie Ihre Hände aneinander, um sie zu wärmen.
- Halten Sie Ihre Hände ans Gesicht und öffnen Sie Ihre Augen langsam hinter Ihren Händen.

Tanzen

Tanzen Sie 5–10 Minuten zu Ihrer Lieblingsmusik. Das lässt Sie erfrischt und voller Energie in den Tag starten.

Atemübung

Eine traditionelle chinesische Atemübung, die sehr vitalisierend wirkt, heißt „Den Himmel hochhalten“. So wird sie gemacht:

- Stellen Sie sich bequem hin, die Füße hüftbreit auseinander, die Arme hängen locker neben dem Körper, die Augen sind geöffnet.
- Konzentrieren Sie sich auf Ihren Atem. Atmen Sie langsam durch die Nase ein, füllen Sie Ihren Bauch mit Luft und heben Sie dabei Ihre Arme über die Seiten hoch über den Kopf.
- Verschränken Sie nun die Hände über dem Kopf, die Handflächen zeigen nach unten.
- Drehen Sie nun die verschränkten Hände nach oben, also Richtung Himmel.
- Blicken Sie auf Ihre Handrücken.
- Atmen Sie noch tiefer ein und strecken Sie sich dabei, als wollten Sie Ihre Hände zum Himmel schieben.
- Konzentrieren Sie sich weiter auf Ihren Atem. Beim Ausatmen lassen Sie Ihre Arme wieder an Ihre Seiten sinken. Atmen Sie weiter aus, lassen Sie Ihre Anspannung los und entspannen Sie die Schultern.
- Wiederholen Sie die gesamte Übung fünf Mal. Konzentrieren Sie sich auf die Atmung und entspannen Sie Ihren Körper bei jedem Ausatmen.

Bewegung

Der Preis des modernen Lebens lässt sich leicht an unserem Körper ablesen. Wer einen durchschnittlichen Lebensstil pflegt, dabei viele industriell verarbeitete Lebensmittel isst und einen vollgepackten Terminplan hat, in dem Sport und Entspannung zu kurz kommen, bemerkt mit der Zeit an sich dunkle Ringe unter den Augen, trockene Haut, zu viel Gewicht auf Taille und Hüften, unkontrollierbaren Heißhunger oder völlige Appetitlosigkeit oder aber einfach allgemeine Trägheit. Diese Symptome können neben anderen anzeigen, dass eines oder mehrere wichtige Organe unter Stress stehen. In gestressten Organen verringert sich der Fluss der Lebensenergie Qi. Gehören Sie zum Beispiel zu den Menschen, die anderen viel geben, wäre es nicht ungewöhnlich, wenn sich Nebennieren und Nierenenergie verringern. Die gute Nachricht ist, dass sich diese Energie von innen heraus stärken lässt, tatsächlich ist genau das heutzutage eine unverzichtbare Notwendigkeit.

Wir haben bereits gesehen, wie das beim Schlaf und bei der Ernährung funktioniert. Nun werden wir betrachten, wie Bewegung Ihr Energielevel erhöhen kann. Sportarten wie Laufen, Gewichtheben und die meisten Yoga-Arten sind Yang, Yin-Yoga, Qi Gong und Tai Chi sind Yin. Wie ich in einem Artikel gelesen habe, ist „für den Yin-Sportler Bewegung wie eine Tasse Kamillentee, für den Yang-Sportler ein dreifacher Espresso“. Der westliche Yang-Zugang zum Sport, der zielgerichtet und intensiv ist, beruht auf der Annahme, dass Verausgabung zu Ergebnissen führt. Das ist nicht falsch, aber wie Sie wissen, wirken Yin- und Yang-Energien nicht in Extremen, sondern wollen in einem Gleichgewicht stehen.

Sich also nur auf Yang-Formen des Sports zu konzentrieren, führt zu einem Ungleichgewicht.

Yin-Praktiken wie Qi Gong und Tai Chi haben eine starke ganzheitliche Wirkung auf Körper und Geist und eignen sich fabelhaft, um das Qi aufzubauen. Zu diesen alten chinesischen Traditionen gehören sanfte, fließende, bewusst langsame Bewegungsabläufe, die vom Ein- und Ausatmen synchronisiert werden, um im Körper Energie und Kraft aufzubauen. Sie sind eine Art von Sport, können aber auch als Praxis betrachtet werden, die über einen langen Zeitraum hinweg erlernt und gemeistert wird, um den Körper zu kräftigen und die Beherrschung des Geistes zu üben. Werden Geist und Verstand ruhiger, steigt das Qi im Körper. Diese Trainingsarten sind von einer besonderen Feinheit, aber lassen Sie sich nicht täuschen. Blickt man hinter die Komplexität, liegt in der Einfachheit eine ganz eigene Stärke.

Emotionaler Flow

Die Bewegungsarten, mit denen das Qi aufgebaut wird, betonen das Zusammenspiel von Körperbewegung und Beherrschung des Geistes. Geht Ihnen manchmal zu viel durch den Kopf? Damit sind Sie nicht allein. Die Menschen finden es oft schwer, Ihren Geist zur Ruhe zu bringen, während die Gedanken wie Güterzüge mit unkontrollierbarer Geschwindigkeit durch ihren Kopf rattern. Wenn Sie Ihren Gedanken genau zuhören, werden Sie feststellen, dass sie sich mit Dingen in der Zukunft beschäftigen. Ein nervöser, ängstlicher Geist kann sich ungebremst mit den Auswirkungen beruflicher Entscheidungen oder der Umsetzung persönlicher Entschlüsse befassen, die erst in drei, sechs oder zwölf Monaten relevant werden. Vorauszuplanen ist mit Sicherheit vernünftig, aber wenn Ihre Gedanken sich ständig unkontrollierbar mit Zukunftssorgen beschäftigen, ist das etwas anderes. Schließlich können wir uns eigentlich nur mit dem auseinandersetzen, was gerade hier und jetzt stattfindet.

Wenn unsere Gedanken uns weit in die Zukunft (oder in die Vergangenheit) ziehen, kann es zu einer Abtrennung vom Körper kommen, zu einer Spaltung. Ihr Körper befindet sich im Hier und Jetzt, während Ihr Geist sich ganz woanders aufhält. Wenn das passiert, wird Ihre Fähigkeit blockiert, im Flow zu bleiben mit dem, was gerade geschieht. Vielleicht spüren Sie, dass Sie nervöser und ängstlicher geworden sind, fühlen sich gelähmt und treffen überstürzte Entscheidungen. Das verhindert, dass Sie ein Gespür für Ihre eigenen Instinkte, Ihre Intuition entwickeln, und es behindert den natürlichen Flow. Beim Prozess der Pause geht es darum, dem Körper zu vertrauen, das Zu-viel-Denken zurückzunehmen und ins Hier und Jetzt zurückzukehren. Der Schlüssel zu dieser Art von Flow ist Ihr Atem. Er ist die Verbindung zwischen Körper und Geist. Werden Sie sich Ihres Atems durch Übungen wie Qi Gong, Tai Chi oder Yin-Yoga bewusst, finden Sie leichter Zugang zu Ihrem tiefsten Innern. Diese Art bewusster Bewegung bringt Sie wieder in Kontakt mit Ihrem Körper und baut Ihre emotionale Stärke auf.

Mikropausen

Ist Ihr Terminplan von dem Augenblick an voll, an dem Sie zur Arbeit kommen? Vielleicht haben Sie schon beim Frühstück E-Mails gelesen und auf dem Weg ins Büro ein paar Anrufe erledigt. Damit sind Sie nicht allein, aber ständig auf diese Art in Bereitschaft zu sein, kann sich verheerend auf Ihr Stresslevel auswirken und bevor Sie sich versehen, sind Sie auf dem besten Weg zu einem Burn-out. Dieses Risiko lässt sich aber minimieren. Immer wieder hört man, dass man „im Augenblick leben“ soll. Im Augenblick zu sein, heißt nur, dass Sie sich ein paar Sekunden oder Minuten nehmen, um zu erkennen, was genau in diesem Moment geschieht. Mikropausen sind eine einfache Methode, um bei Bedarf wieder ins Gleichgewicht zu kommen.

Genießen Sie diese Mikropausen als Teil Ihrer täglichen Achtsamkeit. Sie können zu einer lebenslangen Praxis werden, die im Lauf der Zeit mit Ihnen wächst. Beobachten Sie jedes Mal, wie es Ihnen geht, wenn Sie die Übung machen, und wie viel Widerstand in Ihnen ist. Das Ziel ist nicht, perfekt zu sein, sondern wach, bewusst und aufmerksam.

Fünf Mikropausen, die weniger als zwei Minuten dauern

Mikropause eins
Wenn Sie Perspektiven brauchen, schauen Sie auf den Horizont.

Fühlen Sie sich zu beschäftigt und gestresst, wenden Sie Ihre Aufmerksamkeit automatisch nach innen und lähmen damit Ihre Kreativität. Stellen Sie sich ans Fenster und gestatten Sie Ihrer Aufmerksamkeit, sich nach draußen, auf den Horizont zu richten. Atmen Sie dabei bewusst und lassen Sie neue Perspektiven aufkommen. Entspannen Sie Ihre Augen, lassen Sie sie weich und Ihren Blick sanft weiter werden. Verharren Sie einige Minuten so (Sie können so tun, als wären Sie gerade weise, kreativ und in Gedanken vertieft und würden eine herausragende Idee entwickeln!). Atmen Sie durch die Nase bis tief in den Bauch. Im Handumdrehen fühlen Sie sich wieder ausgeglichen.

Mikropausen

Mikropause zwei
Trinken Sie zur Stressreduzierung mehr Wasser.

Das enge Band, dass sich um Ihren Kopf zu spannen scheint, muss nicht immer stressbedingt sein. Es kann auch ein Zeichen für Dehydrierung sein, wenn sich die Hirnzellen aufgrund von Flüssigkeitsmangel zusammenziehen.

Tragen Sie immer eine Wasserflasche bei sich und trinken Sie mehr, als Sie brauchen. Wenn Sie deshalb anfangs öfter zur Toilette gehen als sonst, ist das ein weiteres Zeichen dafür, dass Sie dehydriert sind. Trinken Sie mehr und Ihr Körper findet seine Balance wieder.

Mikropause drei

Wenn Sie Ruhe brauchen, inhalieren Sie den Duft von Lavendelöl.

Lavendel ist eines der vielseitigsten Öle, die Sie in Ihrem Antistress-Kit haben sollten. Geben Sie ein paar Tropfen auf Ihre Handflächen, reiben Sie die Hände aneinander und atmen Sie den Duft tief ein. Das lässt sie unmittelbar zur Ruhe kommen. Sie können auch ein paar Tropfen zusammen mit einem anderen Öl ins Badewasser geben oder mit dem Zerstäuber auf das Kopfkissen sprühen, damit Sie in der Nacht gut schlafen.

Mikropausen

Mikropause vier
Wenn Sie Ausgeglichenheit suchen, atmen Sie drei Mal tief ein.

Wenn Sie besorgt sind, spüren Sie einen Druck auf der Brust und atmen flach, nehmen zu wenig Sauerstoff auf und fühlen sich dadurch umso angespannter.

In solchen Momenten hilft es, tief zu atmen, und dann noch einmal tiefer zu atmen. Der Atem verbindet Sie mit Ihrem Körper, reduziert Beklemmungen und erlaubt es Ihnen, ins Hier und Jetzt zurückzukehren. Schließen Sie Ihre Augen oder richten Sie Ihren Blick auf einen bestimmten Punkt. Atmen Sie durch die Nase bis tief in den Bauch ein und sanft durch den Mund wieder aus. Wiederholen Sie das drei Mal (oder öfter), um wieder ins Gleichgewicht zu kommen.

Mikropause fünf

Suchen Sie sich ein besonderes Kästchen, eine Dose oder ein Glas. Das kann schön oder praktisch, klein oder groß sein. Sie müssen es passend finden.

Im Verlauf eines Jahres stecken Sie jedes Mal, wenn Ihnen etwas passiert, wofür Sie dankbar sind, das Sie lächeln lässt, an das Sie sich erinnern wollen oder das Ihr Herz erwärmt, eine entsprechende Notiz hinein.

Innerhalb von zwölf Monaten haben Sie ein fantastisches Geschenk, das Sie öffnen können, um sich all die kostbaren Momente vor Augen zu führen, aus denen Ihr Jahr besteht.

Mikropausen

Fünf Mikropausen, die weniger als zehn Minuten dauern

Mikropause sechs
Wenn Sie Ihre Stimmung heben wollen, führen Sie ein Dankbarkeitstagebuch.

Wenn unser Energiefluss ins Stocken gerät, ist dafür gewöhnlich ein Mangel verantwortlich, ein Gefühl, dass uns etwas fehlt. Von dem, was wir brauchen oder wollen – Liebe, Zeit, Verständnis, Geld –, gibt es nicht genug. Die einfachste Art, die Blockade zu beseitigen und wieder in Fluss zu kommen, ist Dankbarkeit. Dankbarkeit für das, was wirklich da ist. Öffnen Sie Ihr Herz und Ihren Geist dafür, wie reich Ihr Leben wirklich ist.

Wie beim Meditieren erfordert das Übung. An manchen Tagen sehen Sie eine Unmenge von Dingen, für die Sie dankbar sind. An anderen Tagen erscheint Ihnen alles wie eine unfruchtbare Wüste. Das ist in Ordnung. Wenn Sie genau genug hinsehen, finden Sie bestimmt etwas, was Sie zu schätzen wissen. Genügend Gründe für Dankbarkeit gibt es immer, und sei es nur die Dankbarkeit für diesen Atemzug. Und den nächsten. Und den nächsten.

Führen Sie ein Tagebuch, in dem Sie jeden Tag drei Dinge festhalten, für die Sie dankbar sind. Das können Menschen sein, Ereignisse, Erfahrungen oder Eigenschaften. Vom Einfachen zum Außergewöhnlichen!

Mikropausen

Mikropause sieben
Einen guten Start in den Tag sollten Sie am Abend zuvor vorbereiten.

Sorgen Sie für einen entspannteren Morgen, indem Sie sich am Vorabend zehn Minuten vor dem Schlafengehen Zeit nehmen, um vorzubereiten, was Sie am nächsten Tag brauchen.

Weichen Sie das Müsli ein, machen Sie die Kaffeemaschine startklar, legen Sie Ihre Nahrungsergänzungsmittel bereit, wählen Sie Ihre Kleidung aus, laden Sie Ihr Telefon und stellen Sie sicher, dass Ihre Schlüssel an einem Ort liegen, wo Sie sie sofort finden.

Mikropause acht
Wenn Sie gerne mehr freie Zeit hätten, tragen Sie „Freiräume" in Ihren Kalender ein.

Wenn Sie feststellen, dass Sie Ihre Tage damit verbringen, von einer Sache zur nächsten zu hetzen, ist es Zeit, über eine neue Terminplanung nachzudenken.

Tragen Sie in Ihren Kalender Leerräume ein, Zeiten, an denen es keine Termine gibt. Das kann am Wochenende sein, indem man keine Verabredungen trifft, ebenso wie bei der Arbeit, wo man Zeit zu Arbeitsbeginn, zwischen zwei Meetings, zur Mittagszeit oder am Freitagnachmittag einplant.

Zeit zwischen Meetings ist besonders nützlich, weil Körper und Verstand nicht dazu gemacht sind, zu viele Informationen an einem Tag zu verarbeiten. Haben Sie einen Freiraum eingeplant, können Sie ihn nutzen, wie Sie wollen, für kreatives Denken, die Planung der nächsten Woche oder die Vorbereitung auf ein wichtiges Meeting, Hauptsache, es ist Ihre Zeit.

Mikropausen

Mikropause neun
Um Ihr Konzentrationsvermögen weiterzuentwickeln, üben Sie jeden Tag ein paar Minuten lang eine Stehmeditation.

Suchen Sie sich einen Ort, an dem Sie fünf Minuten lang ungestört stehen können.

Stehen Sie mit hüftbreit gespreizten Beinen.

Stehen Sie fest auf dem Boden und verlagern Sie zwei Drittel des Gewichts auf Ihre Fußballen. Kippen Sie das Steißbein nach vorn, halten Sie die Wirbelsäule aufrecht und lassen Sie die Arme entspannt an den Körperseiten hängen. Atmen Sie tief in Ihren Bauch und entspannen Sie sich vollständig in dieser Standposition. Sie wissen, dass Sie es richtig machen, wenn Sie keinerlei Spannung im Körper spüren. Stehen Sie zunächst fünf Minuten lang so. Wenn Sie kräftiger werden und Ihr Geist ruhiger, können Sie auch länger stehen. Verlängern Sie dann Ihre Meditationszeit um jeweils fünf Minuten. Wenn Sie diese Meditation in einem Park oder Garten machen können, stellen Sie sich dabei barfuß aufs Gras, dann wird sie noch wirkungsvoller.

Mikropause zehn

Wollen Sie Ihr Qi wiederherstellen, müssen Sie innehalten und das Tempo reduzieren. Das funktioniert am einfachsten, wenn Sie sich fünf Minuten lang ruhig hinsetzen und Ihrem Atem folgen. Das geht jederzeit, aber Sie sollten Ihre Augen offen halten, wenn das erforderlich ist.

Den Geist zu üben, indem man sich auf die Atmung konzentriert, ist wichtig, denn jedes Mal, wenn man abgelenkt wird, entfernt sich das Qi oder die Energie von unserer inneren Erfahrung. Grundsätzlich geht unser Qi dahin, wo unser Geist hingeht. Je mehr Sie Ihren Geist darin üben, still zu sein, umso besser kann Ihr Qi durch den Körper fließen.

Das Ziel dieser Übung ist, zehn Atemzyklen zu durchlaufen und in dieser Zeit vollständig auf den Atem konzentriert zu sein.

So funktioniert ein Zyklus. Sie können ihn im Sitzen oder Stehen, mit geöffneten oder geschlossenen Augen durchführen.

Halten Sie Ihre Wirbelsäule gerade, lassen Sie Ihren Kopf sanft auf den Schultern ruhen, das Kinn ist leicht angehoben. Bauch und Schultern sind entspannt und locker.

Nehmen Sie einen Atemzug und verfolgen Sie, wie er über Ihre Stirn und die Krone Ihres Kopfes, durch Ihren Hals und die ganze Wirbelsäule hinunterfließt.

Fortsetzung auf der nächsten Seite

Mikropausen

Der Atem füllt Ihren Bauch und wandert durch Ihre Brust. Dann atmen Sie sanft durch den Mund aus, als würden Sie eine Kerze ausblasen.

Schütteln Sie sich leicht und spüren Sie, wie Sie sich fühlen.

Das war ein Übungszyklus.

Nun atmen Sie zehn Mal hintereinander nach diesem Muster.

Während Sie die Zyklen wiederholen, bemerken Sie vielleicht eine kleine Pause zwischen dem Ein- und Ausatmen. Machen Sie sich darüber keine Gedanken. Diese Pause ist wichtig, denn in ihr steigt das Qi auf.

Wenn Ihre Gedanken abschweifen, konzentrieren Sie sich einfach wieder aufs Atmen.

Wenn Ihnen zehn Zyklen zu viel erscheinen, versuchen Sie es mit fünf, sind Ihnen zehn zu wenig, versuchen sie 15 oder 20 Zyklen, was immer Ihnen angenehm ist.

Nehmen Sie sich Zeit. Sie haben keine Eile.

Denken sie daran, dass es das Ziel ist, sich jedes Mal wieder auf den Atem zu besinnen, wenn die Gedanken abschweifen.

Haben Sie Ihre Zyklen beendet, nehmen Sie sich Zeit, um im Sitzen oder Stehen in Ihren Körper zu spüren. Machen Sie sich Ihre Erfahrung bewusst.

Diese wirkungsvolle Übung können Sie jeden Tag machen.

Wenn Sie sich an eine Anzahl von Zyklen gewöhnt haben und Ihre Konzentration beim Atmen behalten können, ohne abzuschweifen, erhöhen Sie die Zyklenzahl um fünf.

Diese Übung lehrt Ihren Geist, ruhig zu sein.

Wenn sich Ihre Atmung verlangsamt und tiefer wird, übernimmt automatisch das parasympathische Nervensystem die Steuerung des Körpers. Das ist für den Körper ein natürlicher und entspannter Zustand, der auch als „ruhen und verdauen" bezeichnet wird.

Mikropausen

Bonuspause

Diese Pause erfordert mehr Zeit, sie ist es aber absolut wert. Gönnen Sie sich ab und zu ohne schlechtes Gewissen einen freien Tag. Nehmen Sie sich vor, was Sie am glücklichsten macht. Gehen Sie im Wald spazieren, machen Sie es sich mit einem guten Buch vor dem Kamin gemütlich, malen oder tanzen Sie, verbringen Sie Zeit mit Freunden oder tun Sie einfach nichts.

Kommen Sie mit weniger Technik aus

Meine E-Mails beantworte ich alle gewissenhaft, und zwar auf meinem Laptop, mit dem Smartphone nur, wenn es sein muss. E-Mails auf dem Handy zu checken, kostet mich Energie und reduziert meine Konzentration auf die Person oder Aktivität, mit der ich mich gerade beschäftige.

Als ich meine E-Mails auf mein Laptop verbannte, fühlte sich das zunächst riskant an, aber es hat sich wirklich gelohnt. Mein Kopf ist freier und ich bin ohne E-Mails auf meinem Handy viel präsenter. Je länger das andauert, desto weniger vermisse ich es. Ich habe auch den nächsten Schritt getan und einen Wecker gekauft. Smartphone, Tablet und Laptop sind aus dem Schlafzimmer verschwunden. Ich habe es nicht bereut. Wenn Sie im Alltag achtsamer und weniger abgelenkt sein möchten, können Ihnen diese drei Tipps helfen.

- Stellen Sie Ihr Smartphone nachts in den Flugmodus, wenn Sie es als Wecker benutzen. Dann können Sie in der Nacht nicht gestört werden.
- Schalten Sie Ihren E-Mail-Empfang zu bestimmten Tageszeiten aus. Beantworten Sie E-Mails zu festen Zeiten. Denken Sie daran: Je weniger Sie versenden, desto weniger bekommen Sie.
- Ich weiß, dass einige von Ihnen Zehntausende E-Mails bekommen. Das raubt viel Energie. Stellen Sie sich die Menge als Briefe auf dem Schreibtisch vor. Nichts würde mehr gehen. Werfen Sie den Müll raus und räumen Sie Ihre Inbox mit der fantastischen Unroll.Me-App auf.

Zusammenfassung

Hier sind ein paar Ideen für Sie, mit denen Sie Ihr Tempo drosseln und wieder durchatmen können.

Technik – reduzieren Sie die Kortisolspitzen in Ihrem Körper, indem Sie

- alle Push-Benachrichtigungen von Ihrem Handy entfernen.
- alle Social-Media-Apps von Ihrem Smartphone löschen.
- (wenn Sie sich trauen) keine E-Mails auf Ihrem Handy empfangen. Sie überleben das, versprochen!

Ernährung – unterstützen Sie Ihren Körper, indem sie

- weniger Zucker, Gluten und Milchprodukte essen.
- mehr Wasser trinken.
- weniger Koffein zu sich nehmen (es steckt auch in einigen Limonaden und in Schokolade).

Reflexion – gestatten Sie sich Zeit, um über die Zeichen nachzudenken, die das Leben Ihnen schickt, indem Sie

- täglich Tagebuch schreiben, und sei es nur einen Absatz.
- aufschreiben, was Sie geträumt haben. Das kann einen enormen Effekt haben.
- eng mit einem guten Coach, Therapeuten oder Trainer zusammenarbeiten.
- regelmäßig Zeit in der Natur verbringen.

Ich werde immer dankbar dafür sein, dass ich gelernt habe, die Zeichen meines Lebens zu erkennen, nachzufragen und zu verstehen. Ich weiß, dass ich dabei nicht immer richtig liege, aber mein Leben hat sich seither zweifellos verändert.

„Hör auf den Wind, er redet.
Hör auf das Schweigen, es spricht.
Hör auf dein Herz, es weiß."

– Indianisches Sprichwort

Über die Autorin

Danielle Marchant war erfolgreiche Unternehmens-Coachin und arbeitete für Führungskräfte in leitenden Positionen unter anderem bei HSBC, McKinsey, Unilever und SAP. Dabei war sie mehr als 13 Jahre in 20 Ländern im Einsatz. Nachdem sie erfahren hatte, dass Ziele und Ambitionen genauso gut erreicht werden können, wenn Körper und Geist die Gelegenheit bekommen, eine Pause einzulegen, passte sie ihren Coaching-Stil für Privat- wie Unternehmenskunden an, damit ihre Klienten lernen, den Höhen und Tiefen des Lebens im Flow statt im Kampf zu begegnen.

„Ich habe in Singapur gelebt und gearbeitet, zwei Unternehmen geleitet und mein Leben war alles andere als ruhig. Es machte Spaß und war fabelhaft, bis mir das Leben eines Tages einen Weckruf gab. Ich hatte mich über meine Grenzen hinaus beansprucht und mein Körper konnte das halsbrecherische Tempo nicht länger durchhalten. Nachdem ich mich von einem Burn-out erholt hatte, kündigte ich und kehrte nach Großbritannien zurück. Aus dieser Erfahrung entstand mein Unternehmen."

Danksagung

Nicht nur für die Umsetzung dieses Buchs, sondern dafür, wie sie mein Leben geformt haben, danke ich meinen Lehrern, Freunden und meiner Familie – ihr habt mir durch euren Weg meinen Weg gezeigt, danke. Allen, die mir je erlaubt haben, an ihrer Seite zu arbeiten, danke ich für ihr Vertrauen. Meinem Team danke ich für die Hingabe, eure Anwesenheit ist so notwendig in der heutigen Welt. An Hannah, Prue, Avni und Zoe – meine wahre Herz Vier. Eure Liebe hilft mir, heller in dieser Welt zu strahlen. Meiner Verlegerin Kate, die das Buch von Anfang an besser verstanden hat als ich, und die die Gabe und Freundlichkeit besaß, es auf die Welt zu bringen – danke. Ein großes Dankeschön an das Team von Octopus für seine Liebe zum Wort, seine Leidenschaft, Kreativität und sein Vertrauen in dieses Buch. Dank an ASD, weil er mich lehrte, was Liebe ist, dafür bin ich auf ewig dankbar. Dem Leben, seinen Mächten, die uns leiten – danke für eure geheimnisvollen Wege. Und schließlich: Allen, die in ihrem Leben kämpfen mussten – dieses Buch ist für euch. Mögt ihr den Flow finden, der für uns alle allgegenwärtig ist.